Indras Netz

Harmonie und Heilung durch Dowsing

Eric Dowsett

Originaltitel: The Moment that Matters

Wie Sie Ihr Heim, Ihr Leben und die Umwelt durch
Bewusstheit und Verantwortlichkeit wieder ins
Gleichgewicht bringen

Aus dem Englischen übertragen von
Manfred Miethe

ISBN 978-0-9830907-3-1

All jenen gewidmet, die frei sein möchten.
Möge dieses Buch Euch helfen, Euer Ziel zu erreichen.

Inhalt

Energie ist die Quelle

Energie wahrnehmen

Energie in physischer Form

Jenseits der physischen Energie

Unsichtbare Energiefelder

Höhere Energiefelder

Magnetische Energien

Ein vernetztes Energiefeld

Alles Leben besitzt Bewusstsein

Das Holoversum

Die gestresste Umwelt

Bewusst sein, bewusst handeln

Die Ursachen von Stress

Angst und Stress

Danksagung

Ich möchte all jenen danken, die wussten, welcher Schatz in mir verborgen lag. Eure Unterstützung hat dieses Buch möglich gemacht.

Ich danke Pat Kaye und Lloyd Williams dafür, dass sie mir ein Umfeld geschaffen haben, in dem ich meine Gedanken zu Papier bringen konnte.

Ich danke Alleyn Best dafür, dass sie mir geholfen hat, diese Gedanken in Buchform zu bringen.

Ich danke Barry und Judith Williams dafür, dass sie an dieses Projekt geglaubt und mir geholfen haben, das Buch herauszubringen.

Ich danke ganz besonders Josy Maria Schmid, Timo Schmid und Manfred Miethe, die sich trotz aller Schwierigkeiten unermüdlich dafür eingesetzt haben, dass die deutsche Ausgabe dieses Buches erscheinen konnte.

Ich danke all meinen Freunden für ihre Liebe.

Vorwort

Ab und zu taucht ein Buch auf, das nicht nur Wissen vermittelt, sondern auch Hintergründe erklärt. Eric Dowsett hat seit vielen Jahren auf dem Gebiet des Dowsing gearbeitet und zahlreichen Menschen geholfen. Er hält nichts von der Ideologie des „Friss oder Stirb", sondern führt den Leser langsam und mit Bedacht in sein Wissen ein. Wir alle glauben, den Körper zu kennen; wir alle meinen zu wissen, was Spiritualität ist; und wir alle glauben zu verstehen, was Erdenergien sind – aber wie viele von uns wissen wirklich um die Verbindung zwischen den dreien? Für die meisten Menschen ist dieser Bereich eine intellektuelle Grauzone voller Dinge, über die man am besten nicht zu oft nachdenkt. Wir glauben, dass unser individuelles Leben vom Leben des Planeten Erde getrennt ist, und dass das alltägliche Leben nur wenig mit Spiritualität zu tun hat. Nur selten richten wir unser Augenmerk auf die größere Wirklichkeit, in der alles Leben und alles Denken mit dem Ganzen verbunden sind.

Der Körper, in dem wir leben, das Haus, in dem wir wohnen, und die Umgebung, in der wir uns aufhalten, sie alle haben einen Einfluss auf uns. Wir sind eben nicht isolierte, bewegliche Bioeinheiten, sondern miteinander verbundene Energiefelder, die in das Universum, die Erde, die Menschheit und das kollektive Denken eingewoben sind.

Dieses Buch bietet Aufklärung und Klärung zugleich, weil es Licht in die Grauzonen bringt. Beim Lesen werden Sie

sich immer wieder erwischen, wie Sie „Natürlich!", „Aha!",
„So ist das!" oder „So funktioniert das also!" vor sich hin
murmeln und die ganze Zeit über zustimmend nicken. Ich
wünsche Ihnen bei der Lektüre viel Spaß. Ich jedenfalls
hatte ihn.

Michael J. Roads

Einleitung

Dieses Buch basiert auf meinem Verständnis vom Wesen der Dinge, das sich aufgrund praktischer Erfahrungen und direkter Erkenntnis entwickelte, während ich meine Suche nach dem Selbst vertiefte. Ich fand etwas, das sich nicht länger ignorieren ließ, ein Wissen aus den Tiefen meines Wesens, das – wenn man ihm nur die Möglichkeit dazu gibt – sich rührt und wie ein Drache aus seinem Schlaf erwacht. Dieses Etwas ist die Struktur, in die sich alles andere einfügt, das Fundament für die Bausteine, die die gesammelten Erfahrungen eines Lebens darstellen.

Lassen Sie uns dieses Etwas zunächst einmal den „Samen" nennen. Letztlich haben wir alle denselben Ursprung, ganz gleich, ob Sie diesen nun Gott, Allah, Jehova, Göttliches Bewusstsein, den Schöpfer oder wie auch immer nennen mögen. Während der Same auf seiner Entdeckungsreise immer neue Erfahrungen sammelt und sich mehr und mehr mit diesen identifiziert, wird das Wissen um seinen Ursprung immer geringer.

Für viele Reisende auf diesem Weg bringt das „New Age" mehr Verwirrung als Klarheit. Heute scheint es mehr Möglichkeiten des persönlichen Wachstums zu geben als je zuvor. Bücher, Vorträge, Seminare und Heiler schießen aus dem Boden wie Pilze nach einem Sommerregen. Die Suche nach dem Sinn des Lebens erlebt einen nie da gewesenen Boom. Es ist offensichtlich, dass sich in vielen Seelen überall auf dem Planeten zu Beginn des neuen Jahrtausends etwas regt.

Je mehr ich auf meine innere Eingebung (Intuition) höre und das Leben vieler Menschen beobachte – aber auch aufgrund meiner Erfahrungen mit dem Dowsing[1] –, desto mehr komme ich zu der Überzeugung, dass viele Menschen in der Hoffnung hinter Phantomen herjagen, diese mögen sie aus der Finsternis ihrer Verwirrung erlösen.

Gewisse Phantome mögen zwar wie die Boten einer neuen Wirklichkeit erscheinen, aber tatsächlich dienen sie nur dazu, die Suchenden noch tiefer in die Maya genannte, illusionäre Scheinwelt der Sinne zu verstricken.

Seit vielen Jahren halte ich Seminare über die Beziehung zur Umwelt in ihrer technologischen, physischen oder metaphysischen Form ab. In diesen Seminaren betone ich stets, wie wichtig es ist, dass wir alle größere Verantwortung

---

1 Dowsing: Es existieren verschiedene Ebenen des Dowsing, von denen die einfachste darin besteht, Wasser, Mineralien oder verlorene Gegenstände aufzuspüren. Man könnte Dowsing als eine Kunst bezeichnen, durch die wir Informationen erhalten, die mit den fünf Sinnen, die wir meistens benutzen, nicht erreichbar sind. Mit Hilfe eines gegabelten Zweigs, einer L-förmigen Metallrute oder eines Pendels können wir Antworten auf die unterschiedlichsten Fragen bekommen. Welches Werkzeug wir benutzen, spielt dabei keine Rolle, denn das eigentliche Dowsing-Instrument sind wir selbst - unser Körper. Dowsing ist ein einzigartiges Feedbacksystem, das wir zwar benutzen können, um Fragen zu stellen, das wir aber letztendlich einsetzen, um uns auf die uns umgebenden Energiefelder einzustimmen und sie zu verändern.

Der Körper ist ein einzigartiges Wahrnehmungsinstrument. Wir sind äußerst sensibel, wenn wir uns unseren Gefühlen öffnen. Rute und Pendel sind lediglich die Zeiger dieses hochempfindlichen „Gerätes" - unseres Körpers. Der Schlüssel zum erfolgreichen Dowsing liegt immer in der Frage, die klar und eindeutig formuliert werden muss.

Dowsing ist keine besondere Fähigkeit, die nur wenige besitzen, sondern etwas, zu dem wir alle Zugang haben, wenn wir einen Moment lang unsere Zweifel beiseite stellen können.

Die verschiedenen Ebenen des Dowsing werden im Text detailliert erklärt. Dowsing, wie es in diesem Buch verstanden wird, ist eine Methode, mit der wir uns auf verschiedene unsichtbare Energiemuster einstimmen und diese aufgrund unserer wachsenden Bewusstheit beeinflussen können, um dort, wo Chaos und Verwirrung herrschten, Ausgeglichenheit und Harmonie wiederherzustellen.

für das übernehmen, was wir denken, sagen und tun. Ich versuche aufzuzeigen, dass sich das, was wir über uns selbst denken, auch auf unsere Umwelt auswirkt.

Ich habe dieses Buch geschrieben, weil mich viele Menschen gebeten haben, das zu Papier zu bringen, was ich in meinen Vorträgen und Seminaren lehre. Dieses Buch erhebt aber beileibe keinen Anspruch auf Vollständigkeit. Es gibt viele Bücher, in denen Teile des Puzzles zu finden sind, aber kein Buch enthält alle. Ich hoffe, dass ich in Zukunft eine Fortsetzung zu diesem Buch schreiben kann, in der dann neuere, weitergehende Erkenntnisse enthalten sind.

Mögen die Worte und Ideen auf diesen Seiten Ihnen bei Ihrem Streben nach Erkenntnis behilflich sein; mögen sie Sie von den Verführungskünsten der Maya befreien und Sie an die Schwelle Ihres persönlichen Nirwanas führen.

Einige Fallbeispiele

Alle Menschen, die meine Seminare besucht haben, haben eines gemein: den Wunsch, ihre Gesundheit zu verbessern und ihre Lebensqualität zu erhöhen.

Die Seminarteilnehmer stammen aus allen gesellschaftlichen Schichten, manche sind Lehrer, Ärzte, Psychologen oder Homöopathen, andere Bauern, Buchhalter, Schüler, Programmierer, Techniker oder Hausfrauen; manche von ihnen haben Arbeit, andere sind arbeitslos. Eigentlich kommen vor allem diejenigen, die daran interessiert sind, über die sie einschränkenden Ideen vom Wesen des Selbst hinauszugehen.

Indem wir die vielen Möglichkeiten der uralten Kunst des Dowsing, des Pendelns und Rutengehens anwenden, können wir uns ein Wissen und eine Weisheit erschließen, die uns sonst verschlossen bliebe. Aufgrund dieses Wissens und geleitet von dieser Weisheit erlangen wir die Fähigkeit, unsere Wirklichkeit bewusst mitzugestalten, was dazu führt, dass wir uns selbst, andere Menschen und die Umwelt heilen können.

Die folgenden Berichte und Fallbeispiele stammen von Menschen, die eines oder mehrere meiner Seminare besucht haben. Sie sollen aufzeigen, welches Heilpotential uns allen zur Verfügung steht. Ohne den Rest des Buches zu lesen, werden sie aber möglicherweise nur schwer zu verstehen sein und viele Fragen offen lassen.

Energiearbeit und Gesundheit

Jim, ein Homöopath aus Melbourne, hat Buch über die Patienten geführt, die er zusätzlich zu den traditionellen homöopathischen Heilmethoden mit den Techniken behandelt, die er in meinem Seminar gelernt hat. Er berichtet folgendes: Ein 75-jähriger Mann, bei dem Prostatakrebs diagnostiziert worden war, welcher sich inzwischen auch auf die Knochen ausgebreitet hatte, hatte jegliches Interesse am Leben verloren. Da sein Energieniveau niedrig war, hatte er bereits sechs Monate vor der Diagnose, die vor zweieinhalb Jahren gestellt worden war, keinen Sex mehr gehabt. Jeden Tag saß er einfach vor dem Fernseher und schottete sich von der Welt ab. Die lebensbedrohliche Erkrankung hatte ihm seinen Lebenswillen genommen.

„Mein Patient war nicht anwesend, als ich die Techniken anwandte. Daher war ich auf das Feedback seiner Frau angewiesen, um Änderungen seines Zustandes festzustellen.

Tags darauf bekam ich einen Anruf von seiner Frau, in dem sie mir mitteilte, dass sich das Verhalten ihres Mannes deutlich verändert hätte. Er kümmerte sich im Haushalt wieder um allerlei Kleinkram – was ihn vorher zu sehr angestrengt hatte – und saß nicht mehr den ganzen Tag über vor dem Fernseher. Sein Energieniveau war gestiegen und er schien viel glücklicher zu sein.

Zwei Wochen später erfuhr ich von anderen Verbesserungen seines Zustands, von denen die bemerkenswerteste darin bestand, dass er schon ein paar Tage nach der Fernbehandlung wieder einen gesunden Appetit auf Sex bekam, der bis heute anhält (etwa sechs Mal im Monat). Da er bereits drei Jahre lang keinen Sex mehr gehabt hatte, war dies eine erstaunliche Entwicklung.

Das Wohlbefinden des Patienten änderte sich nach der Behandlung auf dramatische Weise und hält bis heute an (sieben Monate nach der ersten Behandlung mit dieser Technik). Da ich keine anderen Änderungen in der Behandlung dieses Patienten vorgenommen hatte und da die Verbesserung seines Zustands so plötzlich eingetreten war, kann ich zu keinen anderen Schlüssen kommen, als dass die Fernbehandlung tiefgreifende Auswirkungen auf den gesundheitlichen Zustand dieses Mannes hatte."

Probleme, Ihr Haus zu verkaufen?

„Ich heiße Nick und mache die Energiearbeit seit circa zwölf Monaten. Ich möchte eine Geschichte erzählen, die sich vor etwa sechs Monaten ereignete und die zeigt, was mit einem Pendel, einer Rute und einem offenen Geist alles erreicht werden kann.

Meine Familie und ich waren zu Besuch bei einem Freund, der seit etwa drei Monaten erfolglos versucht hatte, sein Haus zu verkaufen. Jeden Sonntag öffnete er das Haus zur Besichtigung. Einige Leute sahen es sich an, aber niemand blieb länger als fünf Minuten. Ich sollte hier noch erwähnen, dass seine Frau sechs Monate vorher an Krebs gestorben war.

An jenem Wochenende erzählte ich unserem Freund, dass ich das Haus mit Hilfe des Dowsing von negativen Energien befreien könnte, die den Verkauf bisher verhindert haben könnten. Nach einer kurzen Diskussion und einer Vorführung des Pendels erklärte mir unser Freund, dass er das Haus gerne „gereinigt" hätte. Wir kamen überein, dass ich am nächsten Tag wiederkommen würde.

Als ich am nächsten Tag ankam, war ich ein bisschen nervös, weil ich das Gefühl hatte, dass mich jemand dort nicht haben wollte, aber ich fing trotzdem mit der Arbeit an. Als erstes fragte ich, ob hier Wesen wären, die das Haus verlassen müssten. Das Pendel gab mir eine positive Antwort. Mit der Rute suchte ich dann nach dem Aufenthaltsort dieses Wesens. Von der Haustür aus wurde ich wie bei einer Schnitzeljagd durch das ganze Haus gelockt, zunächst die Treppe hinauf ins Schlafzimmer, dann wieder hinunter und durch eine ganze Reihe von Zimmern, bis ich endlich im Zimmer der jüngsten Tochter Samantha ankam. (In diesem Zimmer stand das Bett ihrer verstorbenen Mutter, in dem Samantha jetzt schlief.) Die Rute führte mich zur Mitte des Bettes, wo ich mit Hilfe des Pendels fragte, ob es richtig und angebracht wäre, diesem Wesen zu helfen, von unserer physischen Welt in die nächste aufzusteigen. Da ich wiederum eine positive Antwort erhielt, begann ich mit dem Dowsing.

Dabei war ich zwei sehr starken Emotionen ausgesetzt. Zunächst konnte ich eine große Trauer spüren. Ich begriff, dass diese Frau sehr traurig war, weil sie ihre Kinder verlassen musste. Später nahm ich ein intensives Glücksgefühl wahr, als sie verstand, dass es sowohl für sie als auch für ihre Lieben das Richtige war, wenn sie die Erde hinter sich ließ. Der Auflösungsprozess dauerte nur etwa 15 Minuten. Hinterher fühlte ich mich zwar ziemlich eigenartig, aber das Gefühl hielt nur circa zwei Stunden lang an.

Als das Haus am nächsten Sonntag wieder zur Besichtigung geöffnet wurde, kamen zwei Paare, die jeweils eine halbe Stunde lang blieben. Ein Paar bekundete Interesse an einem Kauf und vier Wochen später war das

Haus tatsächlich verkauft. Kurz nach der Auflösung fragte ein Bekannter unseren Freund, was er am Haus geändert hatte, weil es sich so viel leichter anfühlte."

Die Heilung des Landes

Fay aus Brisbane lernte Dowsing vor etwa einem Jahr. Ihre Geschichte ist ein wenig anders, was nur die breite Anwendbarkeit dieser Art von Energiearbeit unter Beweis stellt.

„Die herausragendste Erfahrung machte ich, als ich auf meinem Grundstück nach geologischen Verwerfungen suchte. Ich hatte Probleme mit einem bestimmten Bereich, der nicht auf Düngemittel ansprach und auf dem kein Rasen wachsen wollte. Auf diesem Stück gab es nur Lehmboden, Steine und kränkliche Eukalyptusbäume.

Mit der Rute lokalisierte ich eine Druckzone, die von Osten nach Westen verlief. Erst ließ ich mir meinen Fund durch das Pendel bestätigen, dann fragte ich, ob es in Ordnung wäre, den Druck aufzulösen und das Gleichgewicht der Gegend wieder herzustellen. Nachdem ich eine bejahende Antwort bekommen hatte, bat ich darum, dass die Heilung geschehen möge.

Im nächsten Augenblick hatte ich das Gefühl, dass ich mich tatsächlich in der Erde befinden würde. Ich konnte den Druck und den Stress sehen, der sich entlang der Verwerfung angestaut hatte. Ich löste und befreite Erde und Felsen in diesem Bereich.

Danach hat sich auf diesem ehemals gestressten Stück Mutterboden gebildet und Gras ist gewachsen. Die einstmals kränklichen Bäume haben mehr Blätter und blühen sogar. Einige wilde Tiere (überwiegend Opossums) sind hierher zurückgekehrt.

Ich kann mir beim besten Willen keinen anderen Grund für die Veränderungen vorstellen."

Kummer verstehen und auflösen

Die folgende Geschichte stammt von einem Lehrer aus Armidale in Northern New South Wales.

„Kurz nachdem ich im März 1995 am Seminar teilgenommen hatte, musste ich ein verstopftes Abflussrohr reinigen. Ich nahm mir die Rute und machte mich daran, das unterirdisch verlaufende Rohr zu lokalisieren. Ich konnte nicht nur das Rohr finden, sondern auch die Zugangsstellen, und herausfinden, wie tief sie lagen. Das ersparte mir eine Menge Graberei und viel Zeit.

Obwohl ich erfolgreich Rohrleitungen, Wasseradern und andere materielle Dinge aufgespürt habe, interessiere ich mich am meisten für das menschliche Energiefeld.

Einmal wurde ich gebeten, mit einer jungen Frau zu arbeiten, die ihren Vater, an dem sie sehr gehangen hatte, vor circa einem Monat verloren hatte. Sie war ängstlich und konnte keine Ruhe finden. Ihr Schlaf wurde von realistisch erscheinenden Träumen gestört, die sie verfolgten und die sie nicht aus dem Gedächtnis verbannen konnte.

Während meiner Arbeit entdeckte ich in allen ihren Energiefeldern gestörte Bereiche. Die junge Frau verstand die Gefühle und Empfindungen nur zu gut, die ich wahrgenommen hatte und von denen ich ihr nun erzählte. Die Atmosphäre der ganzen Sitzung war von der Notwendigkeit, loszulassen, gekennzeichnet.

Einige Monate später erzählte mir die junge Frau, dass ihre Angst in den Tagen nach dem Dowsing dramatisch abgenommen hatte. Sie wurde intuitiver und konnte große Kraft aus den Träumen gewinnen, die sie vorher erschreckt hatten. Sie führte die Veränderungen direkt auf das Dowsing zurück.

Bewusstheit und Dowsing haben bei mir zu persönlichem Wachstum geführt. Ich habe großen Respekt für meinen eigenen Lebensweg und den anderer Menschen gewonnen."

Eine Steigerung des Gewinns

Von einem Bäcker in einem Vorort von Melbourne stammt die folgende Geschichte, die zeigt, wofür das Dowsing auch angewendet werden kann.

„Obwohl in der Bäckerei immer eine glückliche, harmonische und erfolgreiche Atmosphäre vorgeherrscht hat, hatte ich das Gefühl, dass sich in einem bestimmten Bereich ein „Energieloch" befand.

Da es mich beeindruckt hatte, wie Eric mit der Energie unseres Hauses gearbeitet hatte, bat ich ihn, sich auch unseres Geschäfts anzunehmen. Nach einer einzigen Sitzung war die Energieblockade aufgelöst und sowohl der Profit als auch die Harmonie gesteigert.

Wer bereit ist, Verantwortung für seine Wirklichkeit zu übernehmen, der sollte sich mit diesen Ideen beschäftigen und sie anwenden."

1

Energie ist alles, alles ist Energie

Ich weiß nicht, wann genau meine Reise begann, da ich kein Medium bin, das klare Vorstellungen von der Vergangenheit besitzt. Ich habe keine Erinnerungen an „vergangene Leben". Ich weiß nicht einmal, ob ich überhaupt an vergangene Leben glaube. Ich weiß aber, dass das Leben weit mehr ist, als es auf den ersten Blick zu sein scheint.

Ich war ein sehr sensibles und schüchternes Kind und irgendwie anders als meine Freunde. So sehr ich mich auch bemühte, einer von ihnen zu sein, irgendetwas hielt mich immer abseits. Ich erinnere mich, dass ich mit 13 oder 14 Jahren den Lehrer während des Religionsunterrichts fragte: „Wenn Sie uns in Religion unterrichten, warum sagen Sie dann nichts über die Lehren des Buddha?" Woher dieser Gedanke kam, wusste ich nicht. Da meine Frage natürlich ignoriert wurde, verpasste ich die Gelegenheit, schon damals zu verstehen, wer oder was ich war. Später konnte ich wie selbstverständlich mit buddhistischen Mönchen über das Dharma reden, ohne dass ich je etwas über den Buddhismus gelesen hätte.

Damals akzeptierte ich einfach, dass ich dieses Wissen besaß und hinterfragte nicht, woher es kam. Glücklicherweise habe ich seit damals herausgefunden, warum mir dieses umfangreiche Wissen zur Verfügung steht.

Energie ist die Quelle

Alle meine Vorträge und Seminare gehen von derselben Grundvoraussetzung aus, nämlich, dass alles Energie ist. Unser Körper ist wie jeder andere Körper, gleich ob dieser nun tierisch, pflanzlich oder mineralisch ist, eine aus Materie gebildete Form. Aber diese Materie war, ist und wird immer Energie sein. Dieses Konzept von uns selbst und dem Universum als Energie kann zwar in den Begriffen der Quantenphysik erklärt werden, aber für die meisten von uns sind deren Theorien zu kompliziert. Für die meisten Menschen ist Energie gleichbedeutend mit Elektrizität, die durch Wind, Wasser, Sonnenwärme oder fossile Brennstoffe erzeugt werden kann. Benzin versorgt unsere Autos mit Energie, damit sie fahren können; Elektrizität liefert die Energie, dank derer unsere Gesellschaft funktionieren kann. Aber diese Energieformen, die die technologische Basis unserer Gesellschaft bilden, sind auf der Erde verhältnismäßig neu. Wir erschließen ständig neue nichterneuerbare Energiequellen, was dazu führt, dass die Umwelt immer mehr verschmutzt wird. (Die Licht- und Schattenseiten der Technologie werden an späterer Stelle behandelt.)

Aus den Massenmedien erfahren wir, dass Sonnenenergie, die für das Leben auf der Erde unerlässlich ist, die Haut verbrennen kann. Wir wissen mittlerweile auch, dass das ultraviolette Spektrum des Lichts (für „Licht" können Sie auch „Energie" einsetzen) Hautkrebs hervorrufen kann, wenn man sich nicht dagegen schützt. Die Sonne ist ein gigantisches Kraftwerk, das von unserer Erde in jeweils 365 ¼ Tagen einmal umrundet wird. Ohne die Sonne könnte das Leben (wie wir es kennen) nicht existieren. Licht ist eine offensichtliche Form der Sonnenenergie, Hitze ist ein anderer offensichtlicher Teil dieser Energie. Aber Licht ist nicht einfach „Licht", sondern besteht aus einem breiten Spektrum von Frequenzen, die sowohl für unsere Entwicklung als auch für unser Wohlergehen unerlässlich sind.

Denken Sie als Beispiel für diese Entwicklung an einen winzigen Karottensamen, in dem die gesamte Information einer Karotte enthalten ist. Wenn man diesen Samen in das Energiefeld „Boden" pflanzt und anschließend Energie in Form von Wasser und Sonnenlicht hinzufügt, wird die Erinnerung, die im Samen enthalten ist, wachgerufen. Der Same geht daraufhin auf und wenn weiterhin die richtige Energiemenge hinzugefügt wird „nicht zu viel und nicht zu wenig -, nimmt er diese Energie auf und wandelt sie zu einer Karotte um„ zu einer anderen Form von Energie. Später ernten wir die Karotte und essen sie. Indem wir sie verzehren, nehmen wir die gespeicherte und umgewandelte Energie der Karotte in uns auf und benutzen sie, um unsere Zellen mit Brennstoff zu versorgen und so unsere Körper am Leben zu erhalten. Alles Leben wird auf ähnliche Weise genährt. Indem wir tierisches oder pflanzliches Leben (die ihre Energie von der Sonne erhalten haben) aufnehmen und verwerten, erhalten wir das Leben in menschlicher Gestalt.

Energie umgibt uns von allen Seiten. Tatsächlich ist alles Energie in der einen oder anderen Form. Wir nehmen

Energie nicht nur auf, indem wir essen oder trinken. Auch die Erde selbst stellt für uns eine notwendige Energiequelle dar. Die ultraviolette Strahlung der Sonne ist ebenfalls eine Form der Energie, die das Leben unterstützt. Wir befinden uns ständig an der Schnittstelle eines auf vielen Ebenen stattfindenden Energieaustauschs.

Energie wahrnehmen

Das wissenschaftliche Denken hat versucht, uns und alle Materie auf subatomare Teilchen zu reduzieren. Aber ließen wir uns darauf in letzter Konsequenz ein, würden wir entdecken, dass wir in materieller Hinsicht eigentlich gar nicht existieren, da der Raum zwischen dem winzigen Atomkern und den noch kleineren Neutronen und Protonen scheinbar voller Nichts ist. Wir erscheinen fest, aber wie ich noch zeigen werde, beruht diese „Festigkeit" auf der Fähigkeit der Instrumente, mit denen wir „sehen", entspricht aber nicht der Wirklichkeit. Ein Neutrino zum Beispiel, also das kleinste Teilchen (oder Welle) kann uns so leicht durchdringen wie ein Flugzeug eine Wolke.

Unsere Wahrnehmung der Welt hängt von den Instrumenten ab, mit denen wir ausgestattet sind. Eine Blume sieht für einen Vogel oder ein Insekt ganz anders aus als für uns. Ein im ersten Licht der aufgehenden Sonne vor Tautropfen glitzerndes Spinnennetz wird von den Insekten, die sich in ihm verfangen sollen, gänzlich anders wahrgenommen. Ein Chamäleon, dessen Augen sich um 360 Grad drehen können, sieht die Welt auf eine Weise, die wir uns nicht einmal vorstellen können. Ich kann hier aus Platzgründen nicht alle Beispiele anführen, um zu beweisen, dass wir unsere Umgebung mit Hilfe von bestimmten Instrumenten wahrnehmen und interpretieren, die dazu dienen, das Fortbestehen der Art zu sichern. Aber es ist diese Wahrnehmung, die unsere Wirklichkeit erschafft.

Energie in physischer Form

Unsere körperliche Gestalt ist aus Zellen aufgebaut, die ihrerseits aus Atomen und subatomaren Teilchen bestehen, von denen jedes eine bestimmte Schwingungsfrequenz aufweist. Eine Zelle in den Knochen des Fußes unterscheidet sich beispielsweise in ihrer Frequenz von einer Zelle im Sehnerv. Daher könnte man sagen, dass wir aus einer komplexen Ansammlung unterschiedlicher Frequenzen von Atomen und subatomaren Teilchen bestehen, die von Informationen gesteuert werden, die in der DNS (Desoxyribonukleinsäure) und der RNS (Ribonukleinsäure) enthalten sind. (Dies ist natürlich eine vereinfachte Darstellung, die ich später aber noch näher erläutern werde.)

Unser persönliches Energiesystem besteht aus einem elektrischen Gleichstromfeld. Dies ist - wie wir später sehen werden - wichtig, wenn wir uns unsere Beziehung zur Erde und zu technisch erzeugten Energiefeldern anschauen. Nur das Gehirn und das übrige Nervensystem bilden eine Ausnahme, da sie auf Wechselstrombasis funktionieren.

Wir besitzen eine körperliche Gestalt, die aus Atomen und subatomaren Teilchen besteht, die eigentlich reine Energie sind, die sich auf bestimmte Weise manifestiert. Diese Gestalt wird durch Informationen, die im kollektiven Unbewussten der Menschheit gespeichert werden, aufrechterhalten und weiterentwickelt.[1] Da sich

---

[1] Siehe Rupert Sheldrakes Konzept der morphischen Resonanz in „Das Gedächtnis der Natur", Scherz Verlag, Bern 1992.

herausgestellt hat, dass viele Arten die gleiche DNS besitzen, scheinen noch andere Faktoren ins Spiel zu kommen, die eine menschliche Knochenzelle beispielsweise von der eines Straußes unterscheiden.

Wenn wir akzeptieren, dass wir Energie sind, die sich als Mensch manifestiert, müssen wir die Welt mit neuen Augen sehen und erkennen, dass auch sie aus Energie besteht, die sich aufgrund unserer Wahrnehmung als unsere Wirklichkeit manifestiert.

Jenseits der physischen Energie

Um mir anderer Energiefelder bewusst zu werden, habe ich mich vieler verschiedener Methoden bedient und bin mir dabei gleichzeitig darüber klar geworden, dass meine Sicht der Dinge durch meine persönliche Wahrnehmung eingeschränkt wird. Wenn wir damit beginnen, zunächst einmal den Körper als Energiefeld zu betrachten, können wir von diesem Ausgangspunkt aus den Blick auf größere Zusammenhänge richten.

Wir sind keine isolierten oder autark funktionierenden Energiewesen, sondern eher interaktive, voneinander abhängige und doch einzigartige Persönlichkeiten, die innerhalb eines größeren Rahmens von Persönlichkeiten und Energiefeldern existieren, von denen wir uns vieler nicht einmal bewusst sind. Unsere Existenz auf dem Planeten Erde hängt von einer Vielzahl von Energiefeldern ab, von denen manche schon immer offensichtlich waren und andere erst jetzt langsam in unser Bewusstsein dringen. Aber es gibt noch viele andere Energiefelder, deren Existenz die meisten von uns seit langem vergessen haben.

Offensichtlich haben wir einen physischen Körper, den wir sehen, berühren, hören und riechen können. Der physische Körper ist „wirklich" und mit unseren normalen Sinnen wahrnehmbar. Dennoch besteht dieser Körper aus Energie, die zwar sehr komplex und hochgradig strukturiert ist, aber dennoch Energie bleibt. Wir wissen heute, dass der Körper mehr ist als nur sein physischer Aspekt. (Dieses Konzept wird übrigens von den hinduistischen Lehren seit Jahrhunderten akzeptiert.) Es existiert nämlich noch etwas, das wir als „feinstoffliche" Körper bezeichnen könnten. Es wird leichter, die Existenz dieser feinstofflichen Körper zu akzeptieren und zu verstehen, wenn wir uns noch einmal bewusst machen, dass der Körper Energie ist. Unsere Augen und unser Nervensystem dienen dazu, unser physisches Überleben zu sichern. Alles, was über den Rahmen dieser Aufgabe hinausgeht, wurde - zumindest auf der bewussten Ebene - ausgeschaltet. Mit Hilfe der fünf physischen Sinne können wir bestimmte Energiefelder wahrnehmen, die auf einer so niedrigen Frequenz schwingen, dass sie wie feste Materie erscheinen.

Unsichtbare Energiefelder

Manche Wesen können die Energiemuster sehen, die das elektrische Feld des Körpers ausstrahlt. Diese Muster sind als Aura bekannt. Die Aura gehört allerdings nicht zu den feinstofflichen Körpern, die ich hier erläutern möchte. Die Schwingung des aurischen Felds, das aufgrund der vom Körper erzeugten elektrischen Energie entsteht, befindet sich nur knapp außerhalb des normalen Wahrnehmungsspektrums der meisten Menschen. Die feinstofflichen Körper, um die es mir hier geht, haben eine weit höhere Frequenz und sind mit den Augen nicht wahrnehmbar.

Zu den feinstofflichen Körpern gehören (nach zunehmender Frequenz geordnet): der ätherische Körper, der emotionale oder astrale Körper, der mentale oder kausale Körper, der spirituelle Körper und zum Schluss ein Körper, den ich das Gaia-Feld genannt habe, nach der griechischen Göttin, mit deren Namen James Lovelock die Erde als selbständiges Wesen bezeichnet hat. Das Gaia-Feld, das auch als Naturbewusstseinsfeld bezeichnet wird, stellt die Verbindung zwischen der unmanifestierten und der dreidimensionalen Realität dar oder „wenn man so will„ das Sprungbrett, von dem aus man Zeit und Raum der Erde erreichen kann. Als Brücke zwischen der Seele und ihrer physischen Form ist das Gaia-Feld reines Bewusstsein.

Der ätherische Körper, der aus einem komplexen System von Gitternetzlinien besteht, stellt die Matrix für den physischen Körper dar und ist etwa 5 Zentimeter von diesem entfernt. Das ätherische „Netz" stellt die letzte Ebene der unsichtbaren Energiefelder oder feinstofflichen Körper dar, in dem Informationen gespeichert sind, die die physische Form aufbauen und aufrechterhalten.

Es ist wichtig, dass sich dieses Energiefeld oder „Netz" in gutem Zustand befindet, da sich alle Störungen im ätherischen Feld früher oder später als körperliche Krankheit manifestieren werden. Information in Form von Energie wird durch alle feinstofflichen Körper und durch die sieben Hauptchakren oder Energiewirbel in den physischen Körper geleitet.[2]

---

[2] Ich empfehle zur weiteren Vertiefung „Vibrational Medicine. New Choices for Healing" von Richard Gerber (Bear & Co. 1996) und „Licht-Arbeit. Das Standardwerk der Heilung mit Energiefeldern – von Barbara Ann Brennan (Goldmann, München 1998).

Höhere Energiefelder

Auf einer höheren Schwingungsebene finden wir den emotionalen oder astralen Körper, in dem nicht nur unsere Gefühle gespeichert werden, sondern auch unsere Wünsche. Wenn durch ein Trauma oder ein bestimmtes Glaubenssystem (das im nächsten Energiefeld, dem mentalen oder kausalen Körper gespeichert ist) eine Störung auftritt, kann die Energie des emotionalen Körpers Störungen im physischen Körper hervorrufen und sich negativ auf unsere emotionale Gesundheit und Stabilität auswirken. Der emotionale Körper spielt eine wichtige Rolle in der spirituellen Entwicklung der Menschheit. Ohne die gefühlsmäßigen Aspekte unseres Wesens, zu denen wir durch den emotionalen Körper Zugang finden, können wir kein höheres Bewusstsein entwickeln.

Höher im Spektrum der Energien befindet sich der mentale oder kausale Körper, in dem alle Informationen darüber gespeichert werden, wer wir sind, waren und sein werden. In diesem Energiefeld befindet sich unser Potential. Auch positive wie negative Wahrnehmungen werden hier gespeichert aber auch die Fähigkeit, diese Wahrnehmungen zu verändern. Man könnte dieses Feld mit einer Bibliothek vergleichen, in der die Erinnerungen an all unsere körperlichen Erfahrungen gespeichert sind.

Im spirituellen Feld befinden sich noch grundlegendere Informationen darüber, wer wir sind und aus welchen Gründen wir wahrnehmen, was wir wahrnehmen. Hier finden sich auch Muster bezüglich unserer Fähigkeit, spirituelle Informationen einer höheren Ordnung aufzunehmen und zu interpretieren.

Wie bereits gesagt scheint das Gaia- oder Naturbewusstseinsfeld die Brücke zwischen Energie und

Materie zu sein und Informationen einer sehr grundsätzlichen Art zu enthalten.

Jenseits des Gaia-Feldes existieren noch zwei weitere Felder, von denen mich eines besonders interessiert. Erst zwei Mal bin ich in dieses Feld vorgedrungen, in dem sich Informationen über etwas befinden, das ich in Ermangelung eines besseren Wortes als „Heimat" bezeichnen möchte. Scheinbar liegen jenseits all dessen, was wir uns vorstellen können, noch weiteln

2

Erdenergien

Magnetische Energien

Da sich die Menschheit seit Jahrtausenden im natürlichen Energiefeld der Erde entwickelt hat, wollen wir zunächst unsere Erde näher betrachten.

Die Erde ist weit mehr als das feste Objekt unserer kollektiven Wahrnehmung, die aufgrund der langsamen Schwingung der Atome entstanden ist, aus denen die Erde besteht. Unser Planet Erde ist Energie. Energie in Form von Materie einer dichteren Ordnung als Wasser oder Luft, aber dennoch Energie. Energie höherer Frequenzen, wie zum Beispiel radioaktive Energie, durchdringt die Erde so leicht wie ein Messer durch Butter schneidet.

Im Physikunterricht haben Sie wahrscheinlich das Energiefeld eines Magneten sichtbar gemacht, indem Sie ein Stück Papier über den Magneten gelegt und Eisenspäne darauf gestreut haben. Die Anordnung der Eisenspäne zeigte dann das Muster des magnetischen Feldes an. Hier möchte ich nun über das magnetische Feld sprechen, das die Erde durchzieht. Diese schmalen Streifen geomagnetischer Energie in ihrem natürlichen Zustand positiver Polarität sind nützlich und ermöglichen das Leben auf der Erde.

Das magnetische Feld der Erde hat zwei Bestandteile. Das erste ist die Frequenz des Feldes, die in Schwingungen per Sekunde, in Hertz (Hz) gemessen wird. Das zweite ist die Feldstärke, die in Milligauß gemessen wird, einer üblichen Energieeinheit magnetischer Felder. (Ich möchte hier aber nicht zu technisch werden, da die meisten Leute, mit denen ich gearbeitet habe, mit den Begriffen Hertz und Milligauß nicht viel anfangen können.) Diese Maßeinheiten dienen mir nur dazu, die Beziehung zwischen den Feldern und ihren Auswirkungen auf physische, mentale und emotionale Formen zu erläutern, haben aber keine weitere Bedeutung für den allgemeinen Überblick, den ich an dieser Stelle geben möchte.

Es ist wichtig, sich darüber klar zu sein, dass das geomagnetische Feld der Erde ein Gleichstromfeld ist. In diesem natürlicherweise vorkommenden Energiefeld hat sich die Menschheit seit Tausenden von Jahren entwickelt. Gleichstromfelder ändern ihre Feldstärke, indem sie Impulsfrequenzen erzeugen, die direkt proportional zur Wellenlänge sind, während Wechselstromfelder ihre Polarisation ändern (die Elektrizität in Wohnungen zum Beispiel zwischen 0 und 50 Hertz). Dieser Unterschied wird eine Rolle spielen, wenn wir elektromagnetische und geomagnetische Felder miteinander vergleichen („Geo" steht immer für Erde, „elektro" für private und industrielle Stromerzeugung).

Denken Sie daran, dass auch wir Energiekörper sind, die aus einer Vielzahl von unterschiedlichen, präzise bestimmten

Schwingungen bestehen, und dass die meisten unserer Körpersysteme auf der Basis von Gleichstrom funktionieren. Die physischen Formen, die die Erde bevölkern, brauchen deren geomagnetische Kräfte, um zu wachsen und sich weiterzuentwickeln. Es ist für uns wichtig, dass sich unsere Umwelt in einem stabilen Zustand befindet, damit wir auf gesunde Weise wachsen und glücklich sein können. Das geomagnetische Feld ist überwiegend positiv gepolt. Der Kompass zeigt nach Norden, da der Nordpol das positive Ende des Magneten Erde ist.

Es wurde entdeckt, dass die Stellen, an denen der natürliche Fluss der Energie nicht gestört wird – sei es durch natürlich vorkommende Phänomene wie Erdbeben, Vulkanausbrüche, Verschiebungen der Kontinentalplatten und Erdrutsche oder durch von Menschenhand geschaffene Strukturen wie Bahnlinien, Flughäfen, Minen und Steinbrüche – für Menschen besonders gesund und nützlich sind.

Ein vernetztes Energiefeld

Wie schon gesagt hat das Magnetfeld der Erde zwei Bestandteile, nämlich eine Schwingungsfrequenz und eine Feldstärke. Gleichstromfelder vertragen sich meistens gut mit dem menschlichen Körper. Untersuchungen haben ergeben, dass jeder Körper – gleich, ob es sich dabei um einen menschlichen, tierischen, pflanzlichen oder mineralischen handelt – aus Zellen, Atomen und subatomaren Teilchen besteht. Jede Zelle übernimmt eine bestimmte Aufgabe. So hat sich zum Beispiel die Zelle eines Nervs im kleinen Finger des Menschen von einem undifferenzierten (sie kann potentiell jede Aufgabe erfüllen) zu einem differenzierten Zustand (sie erfüllt die Aufgabe eines Nervs im kleinen Finger) entwickelt.[1] Ich bin überzeugt, dass dies aufgrund eines Befehls des ätherischen Energiefeldes oder Netzwerks aus unsichtbaren Meridianen geschieht, die die Hindus „Nadis" nennen und die mit der DNS des Menschen in Verbindung stehen. Da dieses ätherische Energiefeld die Matrix für alle physischen Formen ist, führt jede Störung in ihm zu einer „falschen" Verkörperung der zellulären Schwingung – mit anderen Worten zu einer Krankheit.

Das Immunsystem, das unsere Gesundheit wie ein Wachhund schützen soll, isoliert oder zerstört automatisch jede Zelle, die mit einer falschen Frequenz schwingt – also Zellen, die krank sind. Die Effektivität des Immunsystems wird aber durch eine Anzahl von Stressfaktoren beeinträchtigt.

Was bedeutet es, wenn eine Zelle mit der falschen Frequenz schwingt? Wie geschieht so etwas und wie wirkt es sich auf uns aus? Das Ergebnis ist immer Krankheit – sei es im physischen Körper oder in den emotionalen und mentalen Körpern (psychische Störungen).

Alle unsere Körperteile, die ja aus spezialisierten Zellen bestehen, haben bestimmte optimale Frequenzbereiche, die im Interesse guter Gesundheit aufrechterhalten werden müssen. Immer wenn diese Frequenzen aus irgendwelchen Gründen gestört werden, erfolgt eine Verschlechterung des Gesundheitszustandes. Es gibt eine Vielzahl von Faktoren, die die Stabilität der individuellen Zellschwingung beeinflussen. Sie alle sind von der Effizienz des Immunsystems und der Konstitution des Individuums abhängig.

Als Energiekörper, die in einer energetischen Umwelt leben, werden wir natürlich von dieser Umwelt beeinflusst – zumindest von dem, was wir als unsere Umwelt wahrnehmen.

---

[1] Siehe dazu Robert Becker: „Heilkraft und Gefahren der Elektrizität", Scherz Verlag, Bern 1993

(Das Thema Wahrnehmung und Erinnerung werde ich später detailliert behandeln, nachdem ich einige der Grundlagen der physischen Welt näher erläutert habe.)

Alles Leben besitzt Bewusstsein

Unsere physische Heimat, der Planet Erde, ist ein lebendes, bewusstes Wesen. Alle Materie ist Energie. Alle Energie besteht aus atomaren Teilchen, von denen jedes in unserer physischen Welt eine spezifische Aufgabe zu erfüllen hat. Wie wurde festgelegt, welche zelluläre Struktur Granit hat und welche Sandstein? Wir wissen, dass beide Gesteinsarten eine sehr unterschiedliche Beschaffenheit aufweisen, die durch ihre verschiedenartige molekulare Struktur bestimmt wird. Aber von wo kamen die Anweisungen, die die zellulären Frequenzen festlegten? Ich meine, sie stammen aus dem Bewusstsein des Gesteins. Jede lebende Materie verfügt über Bewusstsein. Steine sind in dem Sinne lebendig, dass sie eine Matrix, ein energetisches Muster besitzen, das ihre Form bestimmt und nur eine bestimmte Art von Stein hervorbringt. So wie es viele Arten von Leben gibt, so gibt es auch viele verschiedene Formen des Bewusstseins. Es gibt komplexere Formen, wie die des Menschen und der Primaten, der Wale und Delfine, und niedrigere wie die der Pflanzen und Mikroben. Aber alle besitzen ein gewisses Maß an Bewusstsein. Diese Auffassung von Wirklichkeit ist von grundsätzlicher Bedeutung, wenn wir verstehen wollen, welche Rolle wir auf diesem Planeten spielen.

So schwer es auch zu akzeptieren sein mag, so kann doch alles, was sich in unserer Wirklichkeit verkörpert (Form annimmt), auf verschiedene Weise gesehen werden – und zwar abhängig von den Eigenschaften und Notwendigkeiten des jeweiligen Beobachters. Wie ich schon sagte erleben eine Fliege oder ein Chamäleon, ein Adler oder eine Eule, ein Delfin oder eine Fledermaus das Leben auf diesem Planeten auf sehr unterschiedliche Weise. Wir Menschen haben unsere eigene, ganz spezifische Art und Weise, die Welt zu sehen, da wir über Sinne verfügen, die Informationen auf bestimmte Weise interpretieren.

Der Physiker David Bohm erweiterte das Konzept des Hologramms[2], indem er das gesamte Leben als sich bewegendes Hologramm oder als „Holomotion" bezeichnete. Vereinfacht gesagt, ist ein Hologramm ein Bild, das durch einen Laser, also einem Strahl aus kohärentem Licht (im Gegensatz zum breit gestreuten Lichtspektrum der Sonne), eingefangen wird und das uns dreidimensional erscheint. Wenn dieses Bild auf einer lichtempfindlichen Platte eingefangen wird, unterscheidet es sich gewaltig von einem normalen Negativ. Statt den fotografierten Gegenstand lediglich zweidimensional abzubilden, besteht das holographische Bild aus einer komplexen Anordnung konzentrischer Kreise. Stellen Sie sich der besseren Anschaulichkeit halber einen Stein vor, der ins Wasser geworfen wird und eine sich ausbreitende kreisförmige Wellenbewegung hervorruft. Stellen Sie sich dann eine Handvoll Steine vor, die ins Wasser geworfen werden. Statt nur einen Mittelpunkt, von dem die Kreise ausgehen, haben wir nun viele, so dass dort komplexe Muster aus Wellenbergen und -tälern entstehen, wo eine Welle mit einer anderen zusammentrifft. Stellen Sie sich nun vor, dass das Wasser plötzlich gefrieren würde. So bekämen wir eine Art Hologramm, ein stationäres dreidimensionales Bild.

---

[2] Siehe dazu Michael Talbot: „The Holographic Universe", HarperCollins 1992

Natürlich ist das menschliche Leben weitaus komplexer als ein solches Bild. Wenn wir das Wasser wieder „entfrieren" könnten und mehr und mehr Steinchen hineinwerfen würden, würde sich das Bild ständig bewegen und verändern. Dies wäre dann die Holomotion, von der David Bohm spricht.

Das Holoversum

Das erstaunlichste Merkmal einer holographischen Platte (im Gegensatz zu einer normalen fotografischen Platte) besteht darin, dass – wenn man sie in viele Teile zerbricht – jedes Teil das ganze Bild zeigt, auch wenn es dabei zu einem gewissen Qualitätsverlust kommt. Als Teile der sich entfaltenden Holomotion enthalten wir Menschen – wie die zerbrochene holographische Platte – die Information des Ganzen. Für viele von Ihnen mag dies das erste Mal sein, dass Sie versuchen, sich das Universum auf diese Weise vorzustellen. Die Schwierigkeit besteht natürlich darin, sich Zugang zur gesamten vorhandenen Information zu verschaffen, statt sich mit dem winzigen Teil zu begnügen, den wir für unsere Wirklichkeit halten. Als physische Wesen haben wir uns in einer dreidimensionalen Welt entwickelt, in der das Überleben die Hauptrolle gespielt hat. Daher haben unser Nervensystem und unsere Sinnesorgane eine bestimmte Art entwickelt, die Welt wahrzunehmen.

Als Grundlage jeder Wirklichkeit, die wir uns überhaupt nur vorstellen können, sollten Sie akzeptieren, dass es ein allen Erscheinungen zugrundeliegendes Feld sich überschneidender Wellenmuster gibt, das ich als Holoversum bezeichne. Indem wir unsere einzigartigen Sinnesorgane benutzen, um diese sich überschneidenden Wellenmuster zu interpretieren, erkennen wir physische Formen, die die für uns akzeptierte Form der Realität darstellen. Das Leben – oder das, was wir dafür halten – existierte nicht bevor sich unsere Sinnesorgane damit befassten, Daten zu interpretieren, die eigentlich nichts als Wellen waren, die sich gegenseitig überschnitten und so einzigartige und ständig wechselnde Muster bildeten. Zumindest gab es kein Leben im üblichen Sinn. So wie wir einen Laser brauchen, um einen Sinn in die Bilder auf der holographischen Platte hinein zu interpretieren, so brauchen wir auch unsere Sinnesorgane, die auf ganz spezifische Weise „geeicht" sind, um einen Sinn in die Energieformen, in den kosmischen Ozean, in dem wir existieren, hineinzudeuten.

Aber wie wirkt sich das auf das Funktionieren des Immunsystems aus und damit auf unsere Fähigkeit, uns gesund zu erhalten? Um noch einmal das Bild des Teiches zu benutzen: Wenn eine Reihe von Steinen in bestimmten Abständen ins Wasser geworfen wird, entsteht eine bestimmte Form der Realität. Wenn dann aber ein Steinchen wahllos dazwischen geworfen wird (der berühmte Sand im Getriebe), werden alle folgenden Realitäten dadurch beeinflusst. Stellen Sie sich jetzt einfach einmal vor, dass dieser wahllos geworfene Stein eine Störung in unserer „äußeren" Umwelt repräsentiert.

Die gestresste Umwelt

Das Magnetfeld der Erde besteht aus bestimmten Frequenzen und Stärken. Denken sie daran, dass es sich hier um ein Gleichstromfeld handelt, das der menschliche Körper gut verträgt. Bestimmte Schwingungsfrequenzen der

Erde harmonieren (oder sind identisch) mit verschiedenen Frequenzen innerhalb des menschlichen Körpers. Solange unser physischer Körper in einer harmonischen Umgebung lebt (in diesem Fall im geophysikalischen Umfeld der Erde und ihrer Energien), befinden sich die einzelnen Zellen des Körpers in einem ausgeglichenen Zustand. Wird aber das Magnetfeld der Erde gestört – entweder durch natürliche oder von Menschenhand verursachte Störungen -, nimmt das spezifische Feld eine negative Polarität an. Eine solche Störung wird dann ein weiterer Faktor, der dem Körper Stress zufügt.

Je nach Zeitdauer und abhängig von der Stärke des Immunsystems und bestimmter Stressfaktoren, kann der Stress in der Umgebung die Gesundheit eines Menschen so sehr schädigen, dass es zu einer körperlichen Erkrankung kommt. Viele Menschen erfahren durch schulmedizinische oder alternative Behandlungsmethoden eine Linderung ihrer Symptome, aber wenn die Umgebung des Betreffenden Stress verursacht oder bestehenden Stress verschlimmert, kann das Problem durch keine dieser Methoden dauerhaft behoben werden. Solange wir versuchen, uns in einer „kranken" Umgebung auszuruhen und uns zu erholen, müssen alle Behandlungsmethoden zwangsläufig symptomatisch bleiben. Die wahren Ursachen werden weiterhin wirken und den Zustand des Patienten verschlimmern.

Gegenden mit starkem geopathischem Stress[3] wirken sich natürlich stärker und schneller auf die Menschen aus, die dort leben oder sich vorübergehend dort aufhalten, als

[3] Es gibt viele Bezeichnungen für diese Art von energetischen Störungen. Geopathischer Stress ist ein generischer Begriff, der weniger Angst auslöst als viele andere, heute gebräuchliche Begriffe. Daher werde ich diese Bezeichnung verwenden, um Gegenden zu bezeichnen, in denen die Erde Stress ausgesetzt ist.

Gegenden mit niedrigerem Stressniveau. Da es stets viele Faktoren zu berücksichtigen gilt, haben viele Menschen Mühe, diese Idee zu akzeptieren. Geopathischer Stress ist nur einer von vielen Umweltfaktoren, aber wie ich später zeigen werde, sind alle diese Faktoren – oder genauer gesagt, unsere Reaktion auf diese Faktoren – auf eine einzige Ursache zurückzuführen.

Das Ziel meiner Arbeit besteht darin, so weit wie möglich Grundlagenforschung zu betreiben. Dauerhafte positive Veränderungen können nur erreicht werden, wenn die eigentliche Ursache einer Störung geheilt werden kann. Solange der gesellschaftliche und wissenschaftliche Mainstream versucht, Lösungen für die Probleme der Welt innerhalb des geistigen Rahmens zu finden, in dem diese Probleme entstanden sind, werden wir nur noch tiefer im Sumpf aus Verwirrung und Illusionen versinken.

Bewusst sein, bewusst handeln

Ein Thema zieht sich wie ein roter Faden durch dieses Buch: Bewusstheit. Indem wir uns unserer wahren Natur und der unserer Umwelt bewusst werden, erlangen wir die Kraft, unsere Umgebung bewusst zu beeinflussen. Es ist natürlich nicht neu, dass wir die Umwelt beeinflussen, aber der Unterschied besteht in der spannenden Möglichkeit, sie „bewusst mitzugestalten". Würde unsere Realität auf Liebe beruhen statt auf Gier, Angst oder Unwissenheit, würde sich uns die Möglichkeit einer nachhaltigen Zukunft für die Menschheit auf der Erde eröffnen.

Wenn Sie wüssten, dass die Energie, die die Erde direkt unter Ihrem Bett erzeugt, sich negativ auf Ihre Gesundheit auswirkt, würden Sie Ihr Bett dann noch dort stehen lassen? Bewusstheit ist der Schlüssel, mit dem wir eine Tür öffnen können, die in eine Welt führt, die jenseits der gegenwärtigen Beschränkungen von Körper und Geist existiert. Solange wir einen Körper haben, müssen wir uns um ihn kümmern, ohne uns dabei vor lauter Sorge verrückt zu machen. Bis unser Bewusstsein einen Punkt erreicht hat, an dem wir die Grenzen des Physischen transzendieren können, müssen wir die notwendigen Maßnahmen ergreifen, um den Stress zu verringern, dem unsere Körper – physisch, emotional und mental – gegenwärtig ausgesetzt sind.

Wenn wir kein Bewusstsein für unsere Umwelt und unsere Beziehung zu ihr entwickeln, wird die Spannung, die wir in unserer Unwissenheit erzeugen, immer mehr zunehmen – so wie auch ein Gummiband immer weiter gedehnt wird, bis es schließlich reißt. Sollte das geschehen, wird die Energie versuchen, schnellstens in einen ausgeglichenen Zustand zurückzukehren. Dabei werden die physischen, emotionalen, mentalen und möglicherweise auch die spirituellen Körper eine Heilungskrise durchmachen müssen. Das Ausmaß dieser Krise wird dem Maß entsprechen, in dem das Gummiband überdehnt wurde, das heißt dem Maß, in dem wir eine innere Spannung erzeugt haben. Diese Heilungskrise kann unter Umständen so massiv sein, dass wir mit den Veränderungen nicht umgehen können und der physische Körper sterben muss.

Die meisten Erkrankungen sind eigentlich solche Heilungskrisen. Jede Unausgeglichenheit „sei sie physisch oder psychisch" ist das Ergebnis einer falschen Wahrnehmung, die als Glaubenssystem im Gedächtnisspeicher des Individuums vorhanden ist.

Es gibt aber Methoden, um Heilungskrisen abzumildern, und es gibt keine bessere Zeit, als jetzt sofort damit anzufangen. Schließlich ist nichts so kostbar wie die Gegenwart. Ich hoffe, dass Ihnen auf unserem gemeinsamen Weg zu größerer Bewusstheit, nicht nur durch meine Worte, sondern durch Ihre eigene Einsicht klarer wird, was wir tun müssen, um den Schleier zu lüften, der unsere Wahrnehmung verzerrt.

3

Einführung ins Dowsing 1:
Energetischer Stress

Die Ursachen von Stress

Vor einigen Jahren las ich in einem Newsletter der *Dulwich Health Society* (einer englischen Vereinigung, die es sich zur Aufgabe gemacht hat, die Öffentlichkeit über Existenz und Gefahren geopathischen Stresses aufzuklären) einen Bericht, in dem Fallstudien aufgeführt waren, die geopathischen Stress mit verschiedenen gesundheitlichen Problemen in Zusammenhang brachten. Nachdem sie 25000 Menschen mit Gesundheitsproblemen untersucht hatten, fanden sie folgendes heraus.

- 100 Prozent der Menschen, die Sekundärkrebs bekamen, waren geopathisch gestresst,
- 95 Prozent der Menschen, die Krebs hatten, schliefen oder arbeiteten vor oder zur Zeit der Diagnose an einem geopathisch gestressten Ort,

- 96 Prozent aller Kinder, die Lernschwierigkeiten hatten, hyperaktiv oder schwer kontrollierbar waren, litten unter geopathischem Stress,
- 95 Prozent der Menschen, die an Aids erkranken, sind geopathisch gestresst,
- 80 Prozent der Eltern oder fürsorgerisch tätigen Personen, die Kinder missbrauchen, sind geopathisch gestresst,
- 80 Prozent der Menschen, die geschieden wurden, waren geopathisch gestresst,
- 80 Prozent der Paare, deren Kinderwunsch unerfüllt bleibt, sind entweder beide oder jeder für sich geopathischem Stress ausgesetzt,
- 80 Prozent der Frauen, die eine Fehlgeburt erleiden, sind geopathisch gestresst,
- In 80 Prozent der Fälle von plötzlichem Kindstod spielt geopathischer Stress eine Rolle,
- 70 Prozent der Fälle von Gehirnhautentzündung sind auf geopathischen Stress zurückzuführen,
- 70 Prozent der Menschen, die unter Nahrungsmittelallergien leiden, sind geopathischem Stress ausgesetzt,
- 95 Prozent der Kühe, die an BSE (Rinderwahnsinn) erkrankt sind, sind geopathischem Stress ausgesetzt.

Meine eigenen Erkenntnisse stimmen mit denen der *Dulwich Health Society* überein – allerdings mit einer Ausnahme. Diese bezieht sich auf die Gegenden, in denen sich Störungen als physische, geistige oder emotionale Probleme manifestieren, und die stets als geopathisch gestresst bezeichnet werden. Aber warum soll die Umgebung eines Menschen oder eines Tieres, das unter einer der obigen Erkrankungen leidet, gestresst sein? Leidet wirklich ein so großer Teil der Erde unter geopathischem Stress? Folgt man der oben angeführten Untersuchung, muss man annehmen, dass geopathischer Stress tatsächlich bei all diesen Erkrankungen ein entscheidender Faktor ist. Wenn wir dies logisch zu Ende denken würden, kämen wir zu der Überzeugung, dass geopathischer Stress die Ursache oder zumindest ein wesentlicher Faktor bei allen gesundheitlichen Problemen von Menschen oder Tieren ist, die sich in solchen Gegenden aufhalten.

Bei einigen Fällen bin ich mir ziemlich sicher, dass geopathischer Stress tatsächlich zur Verschlechterung der Gesundheit beiträgt. Ich bin aber ebenso überzeugt, dass in vielen Fällen schlechte Gesundheit zum geopathischen Stress beiträgt. Denken Sie beispielsweise an die Schreckensmeldungen bezüglich des Rinderwahnsinns, der fast den gesamten Kuhbestand Englands befallen hatte. Wenn 95 Prozent der Kühe mit BSE tatsächlich geopathischem Stress ausgesetzt sind oder es waren, würde das bedeuten, dass ein riesiger Teil der englischen Landschaft – und darunter alle Milch- und Zuchtbetriebe – außerordentlich starkem geopathischen Stress ausgesetzt wären. Nun hat England sicherlich Probleme, aber diese Schlussfolgerung kann ich nicht mit meinen eigenen Forschungen in Einklang bringen.

Da alles Leben miteinander verwoben ist und voneinander abhängt, kann kein Geschöpf in Isolation gehalten werden. Wenn man eine Kuh oder ein anderes Tier nimmt und es von den anderen Mitgliedern seiner Art isoliert, es in eine feindselige Umgebung sperrt, in dem sich das Tier weder bewegen noch sich angemessen niederlegen kann, wird die Kuh unter Stress leiden. Wer die

Gewohnheiten von Tieren studiert, wird schnell erkennen, dass bestimmte Tiere die energetische Qualität bestimmter Gegenden lieben. In vielen Ländern ist bekannt, dass Kühe gerne über Stellen mit „positiver" Energie schlafen. Wenn Sie ein Haus bauen und sicher sein wollen, dass die Energie des Ortes für Sie gut ist, dann brauchen Sie nur die Kühe von ihrem Schlafplatz zu verjagen und das Haus genau an der Stelle zu bauen.

Anzunehmen, dass Kühe nicht unter Stress leiden können, zeigt nur, wie weit wir uns in unserer materialistischen Gesellschaft von einem Verständnis der Natur entfernt haben. Ist es ein Wunder, dass eine Kuh krank wird, wenn man sie mit Nahrung füttert, die überhaupt nicht ihrer natürlichen Ernährungsweise entspricht und voller Chemikalien und Hormonen ist, oder wenn man ihr sogar Schlachtabfälle vorsetzt? Können wir wirklich dem Land die Schuld geben oder sollten wir nicht lieber einsehen, dass die vollkommen unnatürliche Haltung der Kühe dazu geführt hat, dass sie gestresst sind und dass dadurch auch das Land extrem gestresst wird?

Angst und Stress

Wenn ein Mensch unter schweren gesundheitlichen Problemen leidet, starke Schmerzen und große Angst hat (allein die Aussage des Arztes, dass die Krankheit zum Tod führen wird, ist einer der größten Stressfaktoren für Menschen, bei denen eine lebensbedrohliche Erkrankung diagnostiziert wurde), wird er seine gesamte Umgebung negativ beeinflussen. Die meisten von uns haben schon einmal einen schwerkranken oder behinderten Menschen gepflegt oder waren einem solchen Menschen zumindest einmal nahe. Daher wissen wir, wie sich die Nähe zu ihm körperlich, geistig und emotional auf uns auswirkt. Je enger die emotionale Bindung ist, desto mehr werden wir selbst leiden. Der Kummer und die Angst, die sich einstellt, wenn wir jemanden leiden und auf seinen Tod zugehen sehen, wirkt sich aber nicht nur auf der emotionalen Ebene auf uns aus.

Viele Menschen leiden unter Phobien, haben also zum Beispiel Angst vor Schlangen, Hunden, Spinnen, Pferden, Höhen oder offenen Plätzen. Obwohl die Ursachen dieser Angst manchmal im Verborgenen bleiben, ist doch die Angst für den, der unter ihr leidet, durchaus real. Ich erzähle in meinen Seminaren oft die folgende Geschichte: Ich befand mich an einem Sommermorgen auf einem Spaziergang auf Kangaroo Island im Süden Australiens. Ich lief barfuß über eine verlassene Koppel, als ich mich plötzlich einer großen Giftschlange gegenübersah. Sie lag mitten auf der Koppel und genoss die Morgensonne. Wäre ich ein paar Meter weiter seitlich gegangen, hätte ich sie wohl nicht einmal wahrgenommen, aber so wie es war, schien ich geradewegs auf sie zuzugehen – oder sie hatte sich mir extra in den Weg gelegt. Ich sah sie erst, als ich noch einen knappen Meter von ihr entfernt war – und mein Bein blieb wie gefroren in der Luft hängen. Ich muss mich am diesem Morgen aber sehr geerdet und zentriert gefühlt haben, denn ich zuckte nicht einmal mit der Wimper. Ich hatte keine Angstreaktion, keinen plötzlichen Adrenalinausstoß, keine Bauchschmerzen. Ich schaute einfach die Schlange an und sie sah mich an. Dann entschuldigte ich mich bei ihr, dass ich sie gestört hatte. Wir sahen uns noch einen Augenblick lang an, bevor sie sich langsam davon schlängelte und ich meinen Weg fortsetzte. Hätte mich auch nur für einen Augenblick die Angst übermannt, hätte die Schlange, die mit ihrer Zunge Schwingungen wahrnehmen kann, eine hässliche, gefährliche Energie gespürt, sich daraufhin bedroht gefühlt und mich angegriffen. Hätte ich Angst bekommen, könnte ich diese Worte nicht aufschreiben. Die meisten Menschen bekommen schon Angst, wenn sie diese Geschichte hören, aber sie fürchten sich nur vor dem Gedanken, nicht der tatsächlichen Erfahrung. Sollte Ihnen einmal etwas Ähnliches zustoßen, ist es durchaus möglich, dass auch Sie in einer gefährlichen Situation einen klaren Kopf bewahren. Aber ist es nicht faszinierend, dass allein der Gedanke an die möglichen negativen Folgen einer solchen Begegnung die Überlebensinstinkte mobilisieren kann?

Viele Menschen fangen an, vor Angst zu zittern, wenn sie nur an eine gefährliche Situation denken. Ich bin viele Jahre auf dem offenen Meer gesegelt und weiß, dass die Angst, die viele Menschen schon im Hafen verspüren, sie davon abhält, sich aus seinem sicheren Schutz aufs Meer hinaus zu wagen. Hätte ich gewusst, dass ich es mit meterhohen Wellenbergen und schrecklichen Sturmböen zu tun bekommen würde, hätte ich vielleicht auch niemals den Hafen verlassen. Aber da ich mir keine Sorgen machte, was unter Umständen alles passieren könnte, segelte ich hinaus und erlebte das eben Beschriebene und noch viel mehr. Ich war gezwungen, auf jede Situation so zu reagieren, wie es angemessen war – was ich auch tat. Unsere Vorstellungskraft erzeugt alle Arten von furchtbaren Schrecken und gibt uns so Ausreden, warum wir einen bestimmten Weg nicht gehen können, aber wenn wir uns dann doch auf diesem Weg wiederfinden, können wir meistens ganz gut mit allen

Problemen umgehen. Übrigens kann ich bis heute nicht schwimmen!

Stressenergien wahrnehmen

Nicht nur eine Schlange nimmt Schwingungen wahr und reagiert auf sie – auch wir tun das. Vielleicht waren Sie schon einmal auf einer Party, auf der ein Freund Sie fragt, ob Sie nicht Soundso gesehen haben. „Nein", antworten Sie, nur um gleich darauf festzustellen, dass der andere die ganze Zeit über neben Ihnen gesessen hat. Das von uns erzeugte Energiefeld wird von allen Menschen in unserer Umgebung unbewusst wahrgenommen. Wenn jemand schüchtern, introvertiert oder nicht besonders gesellig ist, zieht sich sein persönliches Energiefeld eng um seinen physischen Körper zusammen. Es kann durchaus sein, dass er nicht wahrgenommen wird, weil viele Menschen uns nur aufgrund unserer Energieausstrahlung wahrnehmen. Andererseits ist es Ihnen vielleicht schon einmal passiert, dass Sie mit Freunden in eine angeregte Diskussion vertieft sind, und draußen ein Wagen vorfährt, eine Tür knallt und alle im Raum wissen, dass Soundso angekommen ist. Wie kann so etwas möglich sein? Da niemand diesen Menschen erwartete, dachte auch niemand an ihn. Die Menschen im Zimmer erkannten einfach ein ihnen bereits vertrautes Energiemuster, das Muster eines Freundes, eines Menschen, der selbstbewusst auftritt. Es ist die Erinnerung an ein Gefühl, die uns die Anwesenheit eines Menschen als bekanntes Energiemuster bewusst macht.

Wenn wir unsere Vorurteile und vorgefassten Meinungen über unseren Planeten einen Moment aufgeben und die Möglichkeit akzeptieren, dass die Erde ein eigenes Bewusstsein besitzt (wie jede Form von Materie, sei sie nun „belebt" oder „unbelebt"), dann können wir auch mühelos verstehen, wie ein Teil des Ganzen alle anderen Teile beeinflussen kann. Wenn wir in einer gestressten Umwelt leben, wird sich dieser Stress mehr oder weniger stark auf uns auswirken. Das wird deutlich, wenn wir uns unser hektisches, materialistisches Leben im Westen ansehen, in dem wir uns nach Kräften bemühen, uns von allen anderen zu unterscheiden. Wenn wir gestresst sind, strahlen wir auf energetischer Ebene Stress aus. Aber dieser Stress muss sich – schon allein durch die Wahrnehmung des Stresses – auf unsere gesamte Umwelt auswirken, und zwar nicht nur auf die Menschen in unserer unmittelbaren Nähe, sondern auch auf die Atmosphäre eines Zimmers, ja sogar auf das Bewusstsein des Planeten Erde.

Wenn wir uns in einer gestressten Umgebung aufhalten „sei diese nun durch Naturphänomene wie Erdbeben, Vulkanausbrüche, geologische Druckzonen oder durch von Menschenhand verursachte Störungen hervorgerufen" wird sich dieser Stress auf uns auswirken. An dieser Stelle möchte ich mich auf die physischen Ursachen von Stress beschränken, aber später werde ich auf die Rolle zu sprechen kommen, die das Bewusstsein bei der Erschaffung unserer Realität spielt. Dann werde ich zeigen, wie unsere Gedanken und Gefühle unser Leben erschaffen.

Geopathischer Stress

Das Maß, in dem uns unsere Umgebung beeinflusst, hängt zwar von vielen Faktoren ab, aber hauptsächlich davon, was oder wer wir zu sein glauben, wie stark wir in unsere Umgebung eingebettet sind und wie sehr wir an diesen Ideen hängen. An dieser Stelle möchte ich nur die Ideen näher betrachten, die das scheinbar „Äußerliche" betreffen. Aufgrund unserer einzigartigen Physiologie haben wir sehr persönliche Reaktionen auf die verschiedenen Energiefelder, denen wir ausgesetzt sind. Dabei spielt unser Immunsystem, seine Stärke und seine Fähigkeit, die Gesundheit aufrechtzuerhalten, eine wichtige Rolle. Das Ausmaß, in dem etwaige „äußere" Ursachen uns Stress verursachen, bestimmt, wie sehr wir von Gegenden mit geopathischem Stress beeinflusst werden können.

Wenn wir verstehen, in welchen Gegenden das Magnetfeld der Erde gestört ist (das heißt, geopathischer Stress herrscht), werden wir erkennen, dass bestimmte Energiemuster für ein ausgeglichenes gesundes Leben nicht gerade förderlich sind. Das trifft für Menschen und Tiere ebenso zu wie für Pflanzen. Manche Pflanzen- und Tierarten mögen bestimmte Energiemuster mehr als dies andere Arten tun. Gewisse Energiefelder verhindern sogar das Pflanzenwachstum – wie man in der Natur immer wieder beobachten kann.

Wasser

Geopathischer Stress ist aber nicht auf das magnetische Feld der Erde allein beschränkt. Auch unterirdisch verlaufende Wasseradern und tektonische Druckzonen können die Quelle störender Strahlung sein. Da Wasser ein sehr komplexes Medium ist, beeinflussen viele Faktoren, welche Arten von Energie es anzieht und ausstrahlt. Durch ein grundlegendes

Verständnis des Wassers wird es leichter zu verstehen, wie und warum es sich auf bestimmte Weise verhält.

Wasser besteht aus einem Sauerstoff- und zwei Wasserstoffatomen, die miteinander verbunden sind. Das Sauerstoffatom spielt die zentrale Rolle, weil die beiden Wasserstoffatome mit ihm verbunden sind. Man könnte sagen, es entsteht ein Dreieck, das drei Punkte hat, aber keine Seiten, denn die beiden Wasserstoffatome sind zwar mit dem Sauerstoffatom verbunden, aber nicht miteinander. Der Winkel, der durch die Verbindung der Wasserstoffatome zum Sauerstoffatom gebildet wird, heißt Bindungswinkel.

Dieser variiert je nach der Qualität des Wassers. Je spitzer der Winkel, desto verunreinigter ist das Wasser, und je verunreinigter das Wasser ist, desto eher wird es gestörte Schwingungen anziehen und aufnehmen. Ist die Qualität des unterirdisch verlaufenden Wassers ursprünglich gut, durchläuft dann aber verunreinigte Gebiete, die radioaktiv, chemisch überladen oder biologisch verschmutzt sind, wirkt sich das natürlich auf die Wasserqualität aus. Je mehr verunreinigte Gebiete das Wasser durchströmt, desto mehr flacht der Bindungswinkel ab (der, vereinfacht gesagt, der Wasserqualität entspricht), bis er einen Punkt erreicht, an dem das Wasser so verschmutzt ist, dass es keine weiteren negativen Energien mehr aufnehmen kann. Je gesünder andererseits die Umgebung ist, durch die das Wasser fließt, desto besser wird seine Qualität, und desto spitzer wird der Bindungswinkel sein. Fließen andere Wasserläufe hinzu und vermischen sich miteinander, wird sich der durchschnittliche Bindungswinkel durchsetzen, der durch die Wasserqualität des anderen Stromes beeinflusst wurde.

Es besteht ein direkter Zusammenhang zwischen der Reinheit von Wasser und dem Bewusstsein. Man hat entdeckt, dass das Wasser eines Flusses Botschaften von einer Person zur anderen übertragen kann. Wenn wir uns den Bindungswinkel in Erinnerung rufen, können wir sehen, dass das Wasser um so mehr negative Bewusstseinsenergie aufnehmen kann, je spitzer der Winkel ist. Da Gedanken an Höheres eine höhere Schwingungsfrequenz haben, können diese Art von Gedanken nur von Wasser mit einem spitzen Bindungswinkel angezogen und übermittelt werden.

Daraus folgt, dass Wasser sowohl gesundheitsfördernd als auch -schädlich sein kann, was allerdings auch noch von anderen Faktoren abhängt. So beeinflussen die Strömungsgeschwindigkeit, die Wassertiefe, das Zusammenwirken anderer unterirdischer Wasseradern und die Nähe zu geologischen Verwerfungszonen ebenfalls die energetische Qualität des Wassers. Aus bestimmten Gründen werden manche Menschen sehr stark von der Energie unterirdischer Wasseradern beeinflusst. Dort wo sich zwei Ströme überschneiden – besonders in verschiedenen Tiefen – wurden Energiefelder entdeckt, die für viele Lebensformen, die sich über ihnen aufhalten, sehr schädlich sind. Ähnliche störende Frequenzen lassen sich auch dort nachweisen, wo Wasseradern eine geologische Verwerfungszone durchqueren. Diese Frequenzen liegen im Bereich der Gammastrahlung, einer hochradioaktiven Energie, die menschliche Zellen, die ihr über längere Zeit ausgesetzt sind, entweder zerstört oder zumindest schwer schädigt.

Wasserenergien aufspüren

Ich wurde einmal gebeten, einen günstigen Standort für ein Haus auszusuchen, und nachdem ich verschiedene Aspekte in Betracht gezogen hatte, gab ich dem Klienten einen entsprechenden Rat. Er hinterfragte meine Beobachtungen und meinte, er würde das Schlafzimmer gerne an einer bestimmten Stelle haben. Als ich ihn fragte: „Warum gerade diese Stelle?", erwiderte er: „Weil es hier warm ist und kribbelt!" Das warme, kribbelnde Gefühl wurde durch eine unterirdische Wasserader hervorgerufen, die durch eine Druckzone lief, wodurch an dieser Stelle Gammastrahlung freigesetzt wurde. Ich erklärte ihm, dass diese Stelle für einen Waschraum oder eine Toilette geeignet wäre, weil man sich dort nicht zu oft aufhält, aber wenn er sein Schlafzimmer dort hätte, würde er sich einen Großteil seines Lebens einem Stress aussetzen, auf den er besser verzichten könnte. Je nachdem wie viel Zeit wir in einer Gegend verbringen, in der Gamma- oder Mikrowellenstrahlung auf natürliche Weise auftritt, und je nach dem Zustand unseres Immunsystems, dem Vorhandensein anderer Stressfaktoren und der Stärke der gestörten Gegend, kann es durchaus vorkommen, dass sich körperliche Auswirkungen wie zum Beispiel Krebs ergeben.

Wenn Sie oder jemand, den Sie kennen, nachts unruhig schläft oder dazu neigt, zu überhitzen und die Decke abzuwerfen, kann es durchaus sein, dass Sie auf einer Stelle mit schädlicher Strahlung schlafen. Unser modernes Leben erzeugt schon genug Stress, so dass wir dem nicht auch noch geopathischen Stress hinzufügen müssen.

Eine junge Frau klagte seit Jahren über einen sich ständig verschlimmernden Schmerz in der Schulter, der sich über einen längeren Zeitraum entwickelt hatte und schließlich als Krebs diagnostiziert wurde. Als ihr Fall näher untersucht wurde, stellte sich heraus, dass sich direkt unter ihrem Bett im Bereich der Schulter eine starke geopathische Stresszone befand. Denken Sie immer daran, dass zwischen uns und unserer Umwelt eine starke Wechselbeziehung besteht. Einerseits beeinflusst der allgemeine körperliche, geistige und emotionale Gesundheitszustand eines Menschen seine Umgebung. Andererseits wirken sich bestimmte Energiemuster, die seit vielen Jahren in unserer Umgebung existieren, negativ auf uns aus.

Vererbte Energien

Unter ererbten Energien verstehe ich die Energien, die wir vorfinden, wenn wir beispielsweise in eine neue Wohnung ziehen oder auf einem leeren Grundstück ein Haus bauen. Die Energiemuster, die wir überall dort erschaffen, wo wir uns aufhalten, sind unsere persönliche Verantwortung. Manchmal ziehen wir aber in eine Gegend, in der sich bereits Energiefelder befinden, die sich irgendwann negativ auf unsere Gesundheit auswirken können. Natürlich würde sich niemand wissentlich in Gefahr bringen. Daher ist es notwendig, dass wir uns bewusst werden, welchen Einfluss unsere Umgebung auf uns hat (und wir auf unsere Umgebung!), damit wir besser informiert sind und klügere Entscheidungen bezüglich der Orte treffen können, an denen wir leben und arbeiten wollen.

Aber solange das Geld dermaßen angebetet wird, werden Themen wie die wahren Ursachen von Gesundheit und Krankheit in den Hintergrund gedrängt oder sogar manipuliert, um damit noch mehr Geld zu verdienen. Aber wenn wir Symptome behandeln, statt die Ursachen zu heilen, ähneln wir einem Hund, der seinem Schwanz nachjagt und sich endlos im Kreis dreht, ohne seinem Ziel jemals näher zu kommen.

Wenn wir uns unserer Umwelt stärker bewusst werden und gleichzeitig verstehen, wie wir sie beeinflussen, wird sich das für viele Menschen positiv auf ihre Gesundheit auswirken. Schließlich ist Leben das, was wir daraus machen.

Geophysikalische Störungen sind nur ein Aspekt unserer gesamten Umgebung, über die wir mehr erfahren müssen. Dieses Wissen würde nicht nur die Lebensqualität aller Menschen verbessern, sondern wäre auch der Grundstein, auf dem wir eine nachhaltige Zukunft für die folgenden Generationen aufbauen könnten.

4

Einführung ins Dowsing 2: Die Grenzen der Technologie

$\mathcal{V}$iele Menschen fühlen sich durch die Nebenwirkungen der modernen Technologie beunruhigt, die sowohl die Öffentlichkeit als auch die Wissenschaft in zwei Lager gespalten hat. Gegner und Befürworter sind eifrig damit beschäftigt, Argumente für ihre jeweiligen Standpunkte zu finden. In der Zwischenzeit werden die Auswirkungen dieser Technologie zu einem elektromagnetischen Smog, der uns mehr und mehr einhüllt. Besteht Gefahr? Wem soll man glauben?

Elektromagnetische und Mikrowellenstrahlung

Da es in unserer modernen Gesellschaft viele Faktoren gibt, die sich auf uns auswirken, ist es schwierig, grundlegende

Ursachen zu identifizieren und einer bestimmten Sache bestimmte Wirkungen zuzuschreiben. Da es so viele möglicherweise schädliche Energiefelder auf unserem Planeten gibt, würde jeder, der sie alle ernst nimmt, schnellstens das Weite suchen. Aber wohin? Es gibt keinen Ort, der vor dem von uns geschaffenen Monstrum sicher ist. Was ist also zu tun? Im Hinblick auf die rasende Wachstumsgeschwindigkeit der Technologie bleibt einem wenigstens der schwache Trost, dass alle, die dafür verantwortlich sind (Vorsicht, wenn Sie glauben, Sie hätten damit nichts zu tun!), irgendwann auch unter den Nebenwirkungen leiden werden.

Zwei Bereiche beunruhigen die Öffentlichkeit in dieser Phase der menschlichen Entwicklung besonders. Zunächst einmal die extrem niedrige Frequenz der elektromagnetischen Strahlung (also der Strom in Wohnungen und Geschäften). Extrem niedrig bedeutet in diesem Fall, dass die Schwingungsrate bei 50 Hertz liegt. Dies ist aber eine sehr „unnatürliche" Frequenz, die in der Natur nicht vorkommt und ganz sicher nicht in Form eines Wechselstromfeldes. Das elektrische Energiefeld des Körpers besteht größtenteils aus Gleichstrom, wie es in der Natur häufig vorkommt. Unser Körper fühlen sich in dieser Art von Energiefeld wohl. Aber Wechselstrom ist diesem Planeten eigentlich fremd und kommt überhaupt erst seit etwa 100 Jahren vor. Der andere Bereich, der zunehmend ins Bewusstsein der Öffentlichkeit rückt, ist der Mikrowellenbereich des elektromagnetischen Spektrums. Statistiken zeigen, dass die Hintergrundmenge der Mikrowellenstrahlung in den letzten 75 Jahren um das Zweimillionenfache zugenommen hat.

Die ersten Untersuchungen zu möglichen schädlichen Nebenwirkungen der Mikrowellenstrahlung schienen sich darauf zu beschränken, herauszufinden, ob einem Menschen, der dieser Energieform ausgesetzt ist, dabei warm wird. War das nicht der Fall, dann bestand angeblich auch keine Gefahr. Natürlich haben wir seitdem große Fortschritte gemacht. Auf der einen Seite versuchen gewisse Interessengruppen immer noch, den Eindruck aufrechtzuerhalten, dass diese Frequenzen nicht schädlich sind; auf der anderen Seite bemühen sich die Konsumentenschutzorganisationen ihre Argumente gegen die schädlichen Mengen an elektromagnetischer und Mikrowellenstrahlung bekannt zu machen. Gleich, wer sich letztlich durchsetzt, müssen wir inzwischen Wege finden, diese Krise zu überstehen.

So lange keine dramatische Veränderung im kollektiven Wertesystem der Menschheit eintritt, wird uns die elektrische Energieerzeugung, von der wir völlig abhängig geworden sind, auf absehbare Zeit erhalten bleiben. Durch die zunehmende Telekommunikation und die extensive militärische Nutzung wird sichergestellt, dass die Mikrowellenstrahlung nicht nur aufrechterhalten, sondern sogar noch weiter zunehmen wird.

Es ist nicht meine Art, mich auf einen Standpunkt zu versteifen, wild die Fahne zu schwenken und für eine bestimmte, eng eingegrenzte Sache einzutreten. Ich glaube, dass die Polarisierung nur noch größer wird, wenn wir als Gegner oder Befürworter einer Sache viel Lärm machen. Polarisierung bedeutet, dass zwei entegegengesetzte Kräfte mehr und mehr Spannung kreieren, bis die Chancen auf Versöhnung und Harmonie immer geringer werden, weil sich beide Seiten in ihren „Schützengräben" verschanzt haben. Auf diese Weise wird lediglich der Status quo aufrechterhalten und alle Menschen, die sich in dieser polarisierten Situation befinden, werden noch weiter voneinander getrennt – was verhindert, dass sich jemals ein Einheitsbewusstsein ausbilden kann.

Andererseits bin ich auch nicht passiv und akzeptiere einfach alles, was man mir sagt oder vorsetzt. Je mehr ich mich bemühe, zu verstehen, wer wir sind, desto mehr Polaritäten verschwinden und die Auswirkungen bestimmter Energieformen „da draußen" beeinflussen mich immer weniger. Anders ausgedrückt: Je mehr wir uns in das Licht stellen, desto weniger kann uns die Finsternis aus dem Gleichgewicht bringen. Es sind ja meine eigenen Ängste und meine Unwissenheit, die mich in der Dualität gefangen halten und mich zum Opfer der Umstände machen. Mein Erwachen befreit mich aus dieser Opfermentalität. Das Erkennen meiner eigenen Macht spielt hierbei eine Schlüsselrolle. Wir alle haben das Potential dazu, aber was machen wir damit?

Was tun?

Betrachten Sie zunächst einmal bestimmte Dinge wie Anzahl und Art elektrischer Geräte (zum Beispiel Computer) in Ihrer Wohnung und Ihrem Büro. Wie oft benutzen Sie ein Mobiltelefon? Befinden sich Steckdosen am Kopfende Ihres Bettes? Gibt es in Ihrer Nähe Hochspannungsmasten, die sich negativ auf Ihre Gesundheit auswirken könnten? Haben Sie oder ein Mitglied Ihrer Familie ständig gesundheitliche Probleme? Geht es Ihnen nicht besser, obwohl Sie sich in ärztlicher Behandlung (schulmedizinisch oder alternativ) befinden?

Es ist durchaus möglich, dass unsere Wohnungen nicht der beste Ort sind, um gesund zu bleiben. Wir sollten uns bewusst machen, dass wir ständig den Erdenergien ausgesetzt sind und dass wir als Energiekörper sehr stark von einer stabilen, gesunden energetischen Umgebung abhängig sind. Stellen Sie sich einmal all die vielen kleinen Zellen vor, aus denen Ihr Immunsystem besteht und die in einem Gleichstromfeld sehr effizient ihrer Arbeit nachgehen ... und plötzlich durch ein starkes, störendes Wechselstromfeld hindurch geschickt werden. Sofort schalten die Zellen den Turbo ein, um einen ausgeglichenen Zustand aufrechtzuerhalten. Hyperaktivität besonders bei kleinen Kindern kann auf starke Sensibilität gegenüber derartigen Strahlungen zurückzuführen sein. Menschen, die beinahe gegen alles allergisch sind, werden zusätzlich zu den petrochemischen Mitteln und den in der Nahrung enthaltenen Zusatzstoffen mit Sicherheit ebenfalls durch elektromagnetische Strahlung einer extrem niedrigen Frequenz negativ beeinflusst werden.

Auch arbeitsparende Geräte, die entwickelt wurden, um uns mehr Freizeit zu ermöglichen, müssen genauer unter die Lupe genommen werden. Sicher haben sie uns mehr Freizeit geschenkt, aber paradoxerweise brauchen wir jetzt mehr Zeit, um das Geld zu verdienen, mit dem wir sie kaufen. Das Argument „Breitere Autobahnen lösen keine Probleme, sondern schaffen nur größere Staus" trifft mit Sicherheit auch auf unsere Obsession mit der Zeit zu. Je mehr Zeit wir haben, desto mehr Zeit scheinen wir zu brauchen. Wir sind in einem Teufelskreis ständig wachsender Bedürfnisse gefangen, der aus unserem Wunsch entsteht, mehr Zeit zur Verfügung zu haben. Aber wie bei einer Depression gilt auch hier: Je tiefer wir hineingeraten, desto schwieriger ist es, einen Ausweg zu finden.

Dies mag eine wunderbare Zeit für die Hersteller von zeitsparenden Geräten sein, aber diese können die Umwelt verschmutzen. Die Idee, Zeit zu sparen, gepaart mit geschickter Werbung, verführt den Konsumenten mehr und mehr zu kaufen. „Entdecke ein Bedürfnis" sagt der Werbefachmann dem Hersteller, „dann befriedige es! Und wenn du keines findest, schaffe eines, das du befriedigen kannst!" Mir scheint, als ob uns unsere Bedürfnisse langsam aber sicher umbringen werden. Eine Gesellschaft, die Wohnungen ohne Küchen baut, sollten misstrauisch beobachtet werden – besonders wenn anstelle der Küche ein Mikrowellenherd, eine gigantische Tiefkühltruhe und ein Abfallvernichter eingebaut sind. Was war zuerst da: Die Realität oder Sciencefiction?

Wie man die Nebenwirkungen der Strahlung vermeidet

Wenn Sie nach der Benutzung Ihres Mobiltelefons Kopfschmerzen, Ohrensausen oder ein Kribbeln im Arm bekommen, sollten Sie es aus dem Verkehr ziehen, bevor es Sie aus dem Verkehr zieht. Studien haben ergeben, dass der Schädel bis zu 60 Prozent der von einem Handy ausgehenden Strahlung absorbiert. In einigen europäischen Ländern sind zwar Geräte entwickelt worden, die den Kopf vor dieser Strahlung schützen sollen, aber die meisten Firmen scheinen nicht bereit zu sein, für diese Geräte zu werben, weil dies als Eingeständnis gewertet werden könnte, dass Mobiltelefone tatsächlich schädlich sind. Bei amerikanischen Polizisten, die regelmäßig Radarpistolen in der Hand halten, um Geschwindigkeitsübertretungen zu messen, wurden überproportional hohe Raten von Hodenkrebs und Krebs im Beckenbereich festgestellt. Australische Studien haben ergeben, dass in einem Umkreis von vier Kilometern um Sendemasten herum, die Leukämierate bei Kindern 60 Prozent und die Sterblichkeitsrate um 100 Prozent höher liegt als in anderen Gegenden. Diese Probleme werden nicht so schnell verschwinden. Ich gebe diese Statistiken hier nicht wieder, weil ich die Angst vieler Menschen ausnützen möchte, sondern weil wir uns dieser Tatsachen bewusst werden und uns von unserer Unwissenheit und Angst befreien müssen. Nur so können wir uns meiner Meinung nach von der Opfermentalität lösen und uns die Kraft geben, eigenständige Entscheidungen zu treffen und so diese moderne Form der Pest bekämpfen, die das Leben auf unserem Planeten bedroht.

Wenn Sie eine Heizdecke benutzen und nicht schlafen können, sollten Sie sie nicht nur abstellen, sondern auch den Stecker aus der Steckdose ziehen. Seien Sie sich auch bewusst, dass Ihr Radiowecker bis auf 45 Zentimeter Entfernung störende Energien ausstrahlt. Auch bei Überwachungsgeräten für Kleinkinder wurden ähnliche Werte festgestellt. Das Heizsystem Ihres Wasserbettes kann Ihren Schlaf beeinträchtigen. Denken Sie daran, dass wir schließlich ins Bett gehen, um uns auszuruhen und energetisch aufzutanken. Sind wir aber während des Schlafes gestresst, wachen wir wahrscheinlicher müder auf, als wir zu Bett gegangen sind. Fernsehgeräte, Computer, Kopierer und andere elektrische Geräte strahlen verschiedene Energiefelder aus, die sich auf die Umgebung auswirken. Wenn Sie sich nach der Arbeit am Computer erschöpft und ausgelaugt fühlen, ist daran vielleicht nicht nur die Arbeitsmenge schuld. Bestimmte Probleme beim Geburtsvorgang werden mit langen Arbeitsstunden am Computer in Verbindung gebracht. Daher sollten Sie, wenn Sie schwanger sind, weniger vor dem Computer sitzen und mehr an der frischen Luft sein. Auch ein negativer Ionengenerator kann dem Problem abhelfen.

Bestimmte Elektrogeräte wie Haartrockner, Rasierapparate, Dosenöffner, Kettensägen, Staubsauger oder Mikrowellenherde haben einen besonders schädlichen Einfluss auf die unmittelbare Umgebung. Wenn Sie sich Sorgen machen, Brustkrebs zu bekommen, sollten Sie sich von Computern und Mikrowellenherden so gut es geht fern halten. Natürlich werden Ihnen gewisse Leute sagen, dass das alles Unsinn ist und dass es keine Beweise dafür gibt, dass sich diese Geräte tatsächlich negativ auf Ihre Gesundheit auswirken. Die Entscheidung bleibt letzten Endes immer Ihnen überlassen.

Es ist ein Unding, dass ein Hersteller die staatlichen Kontrollbehörden durch Sicherheitstests, die er selbst durchgeführt hat, davon überzeugen kann, dass bestimmte Geräte ungefährlich sind. Mikrowellenherde stehen ebenfalls im Mittelpunkt einer hitzigen Debatte. Aufgrund meiner eigenen Nachforschungen bin ich zu der Überzeugung gelangt, dass das Beste, was Sie mit Ihrem Mikrowellenherd machen können, ist, ihn irgendwo tief zu vergraben – wenn Sie sich um das Wohl Ihrer Familie sorgen. Aber manche Benutzer dieser Geräte verteidigen sie erbittert, weil sie völlig von der Zeit- und Kostenersparnis abhängig geworden sind, die diese Geräte bieten. Es gibt viele Rechtfertigungsversuche, zum Beispiel: „Ohne ihn könnte ich meinen Lebensstil nicht aufrechterhalten" über

„Ich kann mein Essen doch hinterher segnen oder ein Gebet aufsagen" bis zu „Studien zeigen, dass der Gehalt an Vitaminen und Mineralien nicht beeinträchtig wird". Wägen Sie die Argumente Für und Wider gegeneinander ab und entscheiden Sie für sich selbst. Aber denken Sie dabei an eines: Je mehr wir uns erinnern, wer und was wir wirklich sind, desto weniger Sorgen werden wir uns wegen Mikrowellenherden und Mobiltelefonen machen. Verzweifeln Sie nicht, treffen Sie informierte Entscheidungen über Ihre Lebensqualität und konzentrieren Sie sich auf das Wesentliche.

Da wir alle dem elektromagnetischen Smog ausgesetzt sind, haben wir hinsichtlich einer gesunden und nachhaltigen Zukunft für uns selbst ohnehin keine großen Wahlmöglichkeiten. Ist elektromagnetische Strahlung gut? Ist sie schlecht? Auf jeden Fall nimmt sie zu! Daher ist die elektromagnetische Umweltverschmutzung heute ein wichtiger Faktor, der sich auf unsere Gesundheit und die unserer Kinder auswirkt. Sie ist einer der Faktoren, mit denen sich unser Immunsystem heute auseinandersetzen muss. Vielleicht wäre sie allein gar nicht so schlimm, aber in Verbindung mit den Auswirkungen, die die Konservierungsstoffe in unserer Nahrung[1], die Chemikalien in unserem Trinkwasser, der verschwenderische Gebrauch von Kunststoffen, die Bestrahlung von Nahrungsmitteln, der Stress, einen bestimmten Lebensstil aufrechtzuerhalten, und der täglich zunehmende Druck, dem Familien heute ausgesetzt sind, wird es immer schwieriger, ein gesundes Gleichgewicht zu bewahren. Gewaltverbrechen nehmen immer mehr zu und die Angst vor Einbrüchen,

---

[1] Bestattungsunternehmen berichten, dass tote Körper heute länger brauchen, bevor der Verwesungsprozess einsetzt!

Vergewaltigungen, Überfällen und noch schlimmeren Delikten hat sich einen festen Platz im Bewusstsein vieler Menschen erobert. Da die staatlichen Behörden lediglich gewissermaßen Erste-Hilfe-Maßnahmen für Probleme anbieten, mit denen sie nicht umgehen können oder die sie nicht einmal erkennen, wächst die Nervosität in der Bevölkerung. Kein Wunder, dass viele Menschen ihr Heil in religiösen oder spirituellen Gruppen, in Ufos und Außerirdischen oder in einer Hinwendung zur Natur suchen.

Aber die Elektrizität wird uns ebenso erhalten bleiben wie vermehrte Mikrowellenstrahlung und alles andere. Wir müssen in der Welt leben, die wir geschaffen haben. Eigentlich leben wir in einer sehr interessanten Zeit (wie ich den Teilnehmern meiner Seminare immer wieder erzähle), aber wir haben nur wenige Wahlmöglichkeiten. Wir können uns dem Wandel entweder widersetzen oder die Konsequenzen erleiden. Wir können unserer Zellstruktur und unserer DNS erlauben, sich dieser neuen chemischen und elektrischen Umwelt anzupassen oder aussterben – wie es viele Arten vor uns bereits getan haben.

5

Dowsing, um Energiefelder zu lokalisieren

Man könnte sagen, dass alles, was wir tun und wie wir uns verändern, sterben und entwickeln, Schritte auf einem evolutionären Weg sind. Das Leben selbst ist eine Lern- und Wachstumserfahrung, zu der auch Krankheit und Tod gehören. Aber wer würde sich absichtlich für einen schmerzhaften Tod entscheiden? Als ich jünger war, wurde mein Weg besonders stark durch mein angeborenes Wissen um die Lehren des Buddha beeinflusst. Diese Sichtweise hat sich im Lauf der Jahre durch die Erfahrungen dieses Lebens beträchtlich erweitert. Den faszinierendsten Wachstumssprung habe ich aber gemacht, seit ich Dowsing kennen gelernt und erforscht habe, das seither ein wichtiger Bestandteil meines Lebens geworden ist.

Dowsing ähnelt auf den ersten Blick dem Suchen nach Wasseradern mit Hilfe einer Wünschelrute, hat aber weitaus größere Anwendungsmöglichkeiten. Es hat nichts mit dem

„New Age" zu tun, sondern ist einfach ein sehr nützliches Werkzeug, mit dessen Hilfe wir an Informationen gelangen können, die uns auf andere Weise nicht zugänglich sind. Letztlich führt die Praxis des Dowsing zu der Erkenntnis, dass alles Leben im Grunde eins ist.

Die Instrumente des Dowsing

Beim Hören des englischen Wortes „Dowsing", das laut Wörterbuch mit „Rutengehen" übersetzt wird, entsteht in unserer Vorstellung sofort das Bild eines Mannes, der mit einem gegabelten Stock (in Nordeuropa traditionell vom Haselnussstrauch und in Australien vom Eukalyptusbaum) über ein Feld wandert und nach Wasser sucht. Manche Menschen glauben, dass Moses eine Rute benutzte, um in der Wüste Wasser zu finden. Auf deutschen Holzschnitten des Mittelalters sind Männer zu sehen, die mit einer Rute nach Erz suchen. In unseren Tagen wurde die Methode in Frankreich eingesetzt, um Verbrecher aufzuspüren. Ein mir bekannter Schweizer Rutengänger wird häufig von der Polizei gebeten, vermisste Personen zu lokalisieren.

Da Dowsing über die gesellschaftlich akzeptierten Methoden hinausgeht, weigern sich viele Menschen anzuerkennen, dass es einen Wert haben könnte. Immer wenn die geistige „Sicherheitszone" eines Menschen bedroht ist, wird er Zuflucht in der Ablehnung suchen. Nur weil Dowsing nicht in die Realität mancher Menschen passt, heißt es nicht, dass es Unsinn ist.

Es sind bereits viele Bücher über das Phänomen Dowsing geschrieben worden, in dem viele Theorien entwickelt wurden, um zu erklären, wieso ein Pendel die Antwort auf eine Frage wissen kann oder warum sich eine Rute bewegt, wenn sie auf ein unsichtbares Energiefeld trifft. Eine weithin akzeptierte Erklärung besagt, dass die feinmotorischen Muskeln der Hand dabei eine Rolle spielen. Rute und Pendel sind äußerst feine Instrumente, die durch winzigste Bewegungen der Hand beeinflusst werden können. Daher ist es für den Dowser extrem wichtig, das Pendel oder die Rute nicht absichtlich beeinflussen zu wollen.

Natürlich erklärt das nicht, wieso man mit Dowsing immer und immer wieder zu derartig akkuraten Aussagen kommt. Ich gehe davon aus, dass dabei nicht nur ein offener und ruhiger Geist von überragender Bedeutung ist, sondern auch die Konzentration auf die richtige Frage. Das Gehirn, das in mancherlei Hinsicht wie ein Computer funktioniert, sucht das elektromagnetische Spektrum ohne unser bewusstes Zutun ab. Wenn es eine bestimmte Energiefrequenz entdeckt, die mit dem Objekt der Suche in Verbindung steht, gibt es die Informationen an die feinmotorische Muskulatur der Hände weiter, die das Pendel oder die Rute in Bewegung setzen. Das ist zwar eine äußerst vereinfachte Darstellung, die aber besser verständlich wird, wenn wir in einem späteren Kapitel das Wesen des Bewusstseins näher unter die Lupe nehmen.

Alle bisher von mir beschriebenen Energiefelder können mit geeigneten Instrumenten gemessen werden. Aber obwohl das magnetische Feld der Erde sogar aufgezeichnet werden kann, so dass man den Fluss der Erdenergie wie auf einer Landkarte anschauen kann, können technische Instrumente nicht zwischen gesunden und ungesunden Energiemustern unterscheiden. Es gibt auch Instrumente, mit denen unterirdisch verlaufende Wasseradern aufgespürt oder geologische Verwerfungszonen entdeckt und vermessen werden können. Aber die geeigneten Geräte sind außerordentlich teuer und der Vorgang ist sehr zeitintensiv. Ein geübter Dowser kann dieselben unterirdischen Phänomene nicht nur in einem Bruchteil der Zeit lokalisieren, die Maschinen benötigen würden, sondern auch, wenn nötig, weitaus detaillierte Informationen liefern.

Energiefelder aufspüren

Auch von Elektrogeräten, Stromleitungen und Mikrowellensendern erzeugte Energiefelder können entdeckt und gemessen werden. Streit herrscht allerdings darüber, in welchem Ausmaß Menschen diesen Strahlen ohne Gefahr ausgesetzt werden können. Dowsing bietet eine einzigartige und jeweils individuell zugeschnittene Antwort auf diese Frage. Ich beschäftige mich nicht mit der exakten Menge der Strahlung, da bestimmten Untersuchungen zufolge nur eine äußerst geringe Strahlungsmenge als sicher zu bezeichnen ist, während andere weitaus höhere Toleranzgrenzen akzeptieren. Die Wissenschaft wird diese Debatte sicher noch weit in das 21. Jahrhundert hinein führen, aber mir geht es immer nur um die Auswirkungen auf das betreffende Individuum. Wenn ich mit einer bestimmten Person arbeite, die wissen möchte, ob elektrische oder Mikrowellenstrahlung negative Auswirkungen auf sie haben, und eine positive Antwort erhalte, dann ist klar, dass etwas getan werden muss. Warum sollte jemand warten, bis eine offizielle Stelle oder ein Wissenschaftler dies bestätigt, wenn er in seinem Innern spürt, dass die Strahlung eines elektrischen Feldes sich negativ auf ihn auswirkt? Wir brauchen nicht auf die Beweise so genannter Experten zu warten, sondern müssen die Verantwortung für unsere Gesundheit und unser Wohlbefinden wieder in die eigenen Hände nehmen.

Da die Beweise für die schädlichen Auswirkungen zwischenzeitlich aber immer offensichtlicher werden und da durch das wachsende Interesse der Öffentlichkeit der Druck auf die Hersteller steigt, müssen diese sich strengeren Richtlinien unterwerfen, wenn sie nicht einen Umsatzrückgang riskieren wollen. Ein guter Dowser kann für die von Elektrogeräten, Stromleitungen, Transformatoren und Sendemasten erzeugten Energiefelder individuell verträgliche Grenzen feststellen. Jeder von uns ist in dem Sinn anders, dass wir alle einzigartige Organismen mit unterschiedlichen Empfindlichkeiten sind. Was gut für den einen ist, mag für einen anderen gar nicht gut sein. Wenn wir wissen, bis zu welchem Abstand wir uns bestimmten Energiefelder überhaupt ungefährdet nähern können, sind wir zumindest besser informiert und können bessere Entscheidungen treffen.

Mit Dowsing können wir unsere physische, geophysikalische und technologische Umgebung auf einfache und schnelle Art und Weise untersuchen. Die dabei gewonnenen Erkenntnisse können uns helfen, ein besseres, gesünderes Leben zu führen.

Ruten, Pendel und die richtige Frage

Die traditionellen Werkzeuge des Rutengängers – Rute und Pendel – sind zugleich einfach, billig und leicht herzustellen. Es gibt aber nicht nur viele verschiedene Arten von Ruten, auch die Materialien, aus denen Pendel gemacht werden, variieren erheblich. Da ich aber davon überzeugt bin, dass wir selbst und nicht die Rute oder das Pendel die Arbeit machen, spielt das Material eigentlich keine große Rolle. Die Rute, die ich zur Zeit benutze, ist ein 30 Zentimeter langes Stück rostfreien Stahls, das 7,5 Zentimeter von einem Ende im rechten Winkel gebogen ist. Ich verwende rostfreien Stahl, weil sich dieser nicht verfärbt – wie dies beispielsweise Kleiderbügel – oder Maschendraht tun. Außerdem nimmt die Hand keinen metallischen Geruch an. Ich benutze ein Stück Schweißdraht, weil dieses bereits gerade ist. Würde ich nämlich Kleiderbügel aus weichem Metall nehmen und diese erst zurechtbiegen, wäre dies ein erheblicher Zeitaufwand – besonders wenn man bedenkt, dass ich pro Seminar 50 oder mehr zurechtbiegen müsste. Ich benutze eine einzelne Rute, da dies meiner Erfahrung nach genauso gut funktioniert wie die Arbeit mit zwei Ruten, und es mit einer einfach leichter ist, dem Verlauf einer unterirdischen Wasserader oder eines geomagnetischen Feldes zu folgen.

Ich habe bereits eine Vielzahl von Pendeln benutzt, darunter eine große Nuss an einem Stück Band, eine Nähnadel an einem Faden, ein Schlüsselbund und einen Ring an einem Stückchen Schnur. Heute bevorzuge ich einen Kristall an einem Silberkettchen. Im Grunde funktioniert alles, wenn es nur frei hin und her schwingen kann. Bei der Vielzahl von angebotenen Pendel muss man nur darauf achten, dass das Material nicht magnetisch ist, da viele der Energien, mit denen wir arbeiten, magnetische Kräfte haben. Spezielles Dowsing, wie zum Beispiel das Lokalisieren bestimmter Erze, mag den Einsatz bestimmter Pendel erforderlich machen.

Die Konzentration auf die richtige Frage ist für den Erfolg des Dowsing von entscheidender Bedeutung. Wenn wir wirklich verstehen, dass unsere Welt als Ganzes Energie ist, die sich in ständig wechselnden Wellenmustern offenbart, dann wird klar, dass es von entscheidender Bedeutung ist, sich darüber im Klaren zu sein, wonach man eigentlich sucht. Es gibt viele verschiedene Arten von Energiefeldern, von denen manche eine so ähnliche Frequenz haben, dass eine unklare Frage zwangsläufig zu großer Verwirrung führen muss. Daher ist die eindeutige Formulierung der Frage eines der Haupthindernisse für den unerfahrenen Dowser. Jede Zweideutigkeit wird Verwirrung beim Fragenden kreieren – und Pendel oder Rute werden dementsprechend reagieren.

Für wen ist Dowsing gedacht?

Überraschenderweise (zumindest für Menschen, die sich noch nicht mit Dowsing befasst haben) haben Untersuchungen ergeben, dass mindestens 80 Prozent der Weltbevölkerung Dowsing ohne Schwierigkeiten ausüben könnten. Ob die Mehrzahl von ihnen auch besonders effiziente Dowser werden könnte, sei einmal dahingestellt. Kinder zeigen ein besonderes Talent, da sie offener und unvoreingenommener sind als Erwachsene, die bereits eingrenzende Glaubensmuster entwickelt haben.

Als ich mit Dowsing anfing, entdeckte ich, dass die Rute sehr gut reagierte, was ich als Glücksfall empfand, weil sich das Pendel, das ich benutzte, schlicht und ergreifend weigerte, zu reagieren und einfach schlaff an seiner Schnur hing – und das drei Monate lang (nicht, dass ich es so lange gehalten hätte!). Ich hatte nämlich ein tiefsitzendes Glaubensmuster in Bezug auf Menschen mit Pendeln. Diese kamen mir äußerst merkwürdig vor und ich hielt sie – gelinde gesagt – für ein wenig exzentrisch. Ohne, dass ich mir dessen bewusst war, hatte ich also eine Barriere errichtet, die verhinderte, dass ich das Pendel erfolgreich einsetzen konnte. Das änderte sich allerdings, nachdem ich herausgefunden hatte, dass auch durchaus „respektable" Menschen Dowsing betrieben. Außerdem lernte ich verschiedene Techniken, mit deren Hilfe ich Zugang zu meinen Pendelfähigkeiten fand. Seitdem habe ich nie wieder Schwierigkeiten mit dem Pendeln gehabt. Es sind unsere Glaubensmuster, die uns den Zugang zu diesem kleinen, wunderbaren Instrument verwehren, und – wie ich bald zeigen werde – sind Glaubensmuster die Grundlage all dessen, was uns widerfährt.

Berichte über Dowsing-Erfahrungen schießen wie Pilze aus dem Boden. Viele Menschen kennen die Geschichte der Großmutter, die mit ihrem Ehering an einem Stück Faden ihre schwangere Schwiegertochter auspendelte, um auf diese einfache Weise herauszufinden, ob es ein Mädchen oder ein Junge werden würde. Dies fällt ebenso in den Bereich des Informations-Dowsing wie der Fall eines Gärtners, der das Geschlecht eines Busches auspendelt, oder der eines Bauern, der auf diese Weise das Geschlecht von Eiern bestimmt. Manchmal weiß jemand überhaupt nicht, dass er diese Methode bereits einsetzt. Oft kommen Menschen in meine Seminare, die noch nie eine Rute oder ein Pendel in der Hand gehabt haben, und stellen innerhalb von wenigen Stunden freudig überrascht fest, dass sie Energiemuster entdecken und verfolgen können. Eine solche Erfahrung ist natürlich noch befriedigender, wenn die Existenz dieser Energiemuster von anderen Teilnehmern bestätigt werden.

Verschiedene Formen des Dowsing

Es gibt verschiedene Formen des Dowsing und es mag hilfreich sein, sie an dieser Stelle zu erwähnen, um so unser Verständnis von der Welt der Energie zu erweitern.

Lokales Dowsing ist die bekannteste Form und sollte als erstes gemeistert werden. Die Bezeichnung „lokal" weist einfach darauf hin, dass der mit seiner Rute „bewaffnete" Dowser ein bestimmtes Gebiet durchstreift und dabei nach einem bestimmten Energiefeld sucht, zum Beispiel nach Wasser oder gestörten Stellen. Wenn die L-Rute auf das gesuchte Objekt trifft, schwingt sie seitwärts aus und markiert so die Grenzen des Energiefeldes. Auf diese Weise ist es möglich, dem Verlauf dieses Feldes zu folgen. Je nach der Fragestellung kann man auf diese Weise Gebiete finden, die für den Menschen entweder nützlich oder schädlich sind. Eine solche Information ist natürlich für Menschen von unschätzbarem Wert, die Orte mit Heilkräften suchen oder die durch bestimmte Energiemuster geplagt werden.

Horizont-Dowsing spart Zeit und Kraft. Statt auf der Suche nach einem bestimmten Energiemuster über eine große Fläche wandern zu müssen, kann der Dowser einfach den Horizont absuchen, einen Arm oder ein Hilfsmittel ausstrecken und das Pendel in der anderen Hand halten. Als Antwort auf eine spezifische Frage wird das Pendel reagieren, wenn der ausgestreckte Arm sich in einer Linie mit dem gesuchten Energiefeld befindet.

Eine weitere Form, die sich jeder logischen Erklärung widersetzt, ist Landkarten-Dowsing. Dabei pendelt der Dowser eine Landkarte aus und kann auf diese Weise ein breites Spektrum an Informationen über das betreffende Gebiet gewinnen. Dass es tatsächlich möglich ist, die Energiemuster eines Gebäudes oder eines Stück Landes akkurat zu bestimmen, indem man über einer Landkarte pendelt, ist natürlich äußerst bemerkenswert. Es gibt Berichte, denen zufolge die amerikanische Armee während des Vietnamkriegs Dowsing-Techniken eingesetzt hat, um Minenfelder zu entdecken, die der Vietcong über Nacht gelegt hatte. Wer die Fähigkeit besitzt, Landkarten auszupendeln, dem eröffnet sich ein weites Feld faszinierender Möglichkeiten. Das hinter dieser Methode stehende Prinzip wird deutlicher werden, wenn wir uns näher mit dem Wesen des nicht an einen Ort gebundenen Geistes (nicht-lokaler Geist) beschäftigen.

Dowsing, um Informationen zu erhalten, ist ein weites Feld, dessen Möglichkeiten nicht absehbar sind. Aber wie kann uns ein Pendel, das doch ein lebloser Gegenstand ist, Ratschläge erteilen oder Fragen beantworten? Was liegt diesem Phänomen zugrunde? Wir stehen vor einem dermaßen komplizierten Puzzle, dass es beinahe nötig ist, das letzte Stück zu entdecken, bevor wir auch nur die ersten Stücke einfügen können. Es scheint, als ob es unumgänglich wäre, dass wir uns dem Rätsel langsam und vorsichtig nähern zumindest so lange wir keine feste Grundlage haben, auf der wir aufbauen können, so lange unser Verständnis keinen Quantensprung macht und so lange wir so an die Erde und an Zeit und Raum gebunden sind, wie wir es nun einmal sind.

6

Dowsing als Lernerfahrung

Meine ersten Erfahrungen

Zusammenarbeit mit der Natur ist ein weiterer wichtiger Aspekt des Dowsing. Dabei wenden wir unser Verständnis der bereits beschriebenen Formen an, so dass wir in Bezug auf die Energien, aus denen unsere Umwelt besteht, bessere Entscheidungen treffen können.

Als ich damit begann, Stress in Häusern aufzulösen, verwendete ich verschiedene Geräte, die störende Energiemuster im Wohnbereich oder am Arbeitsplatz verändern oder neutralisieren sollten. Nun bin ich von Natur aus ziemlich ungeduldig und versuche immer, alles so einfach wie möglich zu halten. Der Einsatz von Geräten beruhte auf der Idee, etwas Negatives in Schach halten zu müssen und mich und andere Menschen vor schädlichen Einflüssen aus der Umgebung zu schützen. Aber mit der Zeit behagte mir dieses Konzept immer weniger. Schließlich erforderte es nicht nur einen großen Zeit- und Kraftaufwand, sondern der Klient wurde auch von den Geräten abhängig. Das brachte natürlich Probleme mit sich, wenn die Geräte aus Versehen verschoben wurden, woraufhin die alten Schwierigkeiten wieder zum Vorschein kamen. Gelegentlich kehrten die „negativen" Energiemuster trotz des Einsatzes von Geräten nach einigen Wochen zurück. In diesen Fällen wurde es notwendig, die Glaubensmuster der Bewohner unter die Lupe zu nehmen und dabei zwischen bereits vorhandenen Energiefeldern und denen, die wir mit uns herumtragen, unterscheiden zu lernen. Schnell wurde klar, dass der Verstand des Klienten die Geräte aufgrund seiner tief verankerten Glaubensmuster und Bedürfnisse entweder akzeptiert oder abgelehnt hatte.

Diese Erfahrungen veranlassten mich, die Beziehung zwischen dem Klienten und seiner Umgebung näher zu untersuchen. Dieser Aspekt sollte sich dann zum Schwerpunkt meiner Arbeit entwickeln. Heute weiß ich, dass dieselbe Macht, die es Menschen ermöglicht, an Geräte zu glauben und ihre Anwendung zu akzeptieren, auch eine Rolle bei der heutigen Popularität des Feng Shui im Westen spielt.

Geräte, gleich welcher Art, stellen einen wichtigen Bestandteil des Glaubenssystems vieler Kulturen überall auf der Welt dar. Wir im Westen wenden uns auf unserer Suche nach Frieden, Glück und Reichtum heute mehr und mehr der chinesischen Ökokunst des Feng Shui zu und hoffen, dass mit Hilfe der kulturellen Instrumente einer anderen Zivilisation die Lösung für unsere Probleme gefunden werden kann.

Da es mir meine Ungeduld nicht erlaubt, mich lange mit meinem gegenwärtigen Verständnis zufrieden zu geben, suche ich ständig nach tieferliegenden Ursachen und Erklärungen. Ich bemühe mich immer wieder in unbekanntes Terrain vorzustoßen und auch wenn ich mich dabei scheinbar manchmal zu weit aufs Eis hinauswage, geschieht dies immer in der Absicht, einfachere und grundlegendere Lösungen zu entdecken.

Meine weitere Entwicklung

Offensichtlich existiert tief in mir etwas, das mich auf meiner Suche nach Wissen und Weisheit ständig vorwärts treibt. Das scheint im Widerspruch zu meiner eigentlichen Natur zu stehen, die meistens einfach akzeptiert, wer ich bin, wo ich bin und was ich bin. Dennoch bezeichne ich mich immer noch als Sucher. Das ist, was ich bin. Aber Selbstakzeptanz ist und bleibt der innere Kern, von dem aus ich das Universum erforsche.

Ein wenig Unzufriedenheit stellt immer eine gute Motivation für Veränderungen dar, aber die nächste große Veränderung war schon in mir angelegt und wartete nur noch auf einen günstigen Zeitpunkt, um zum Vorschein zu kommen. Als ich tiefer und tiefer ins Dowsing einstieg, ermöglichte ich es dem schlafenden Riesen in mir zu erwachen.

Da ich immer noch auf der Suche nach Wissen und Weisheit war, suchte ich eine Astrologin auf, um mir von ihr das kommende Jahr deuten zu lassen. Sie bestätigte mir, wie wichtig die Arbeit war, die ich machte. Alles lief wunderbar, bis sie in Bezug auf die energetische Arbeit sagte: „Das machst du doch alles mit deinem Geist, oder?" Ich hatte das Gefühl, dass sie überhaupt nichts begriffen hatte, und verneinte ihre Vermutung vehement. „Nein", erwiderte ich, „ich benutze dafür verschiedene Geräte." Wir kamen stillschweigend überein, das Thema ruhen zu lassen und wandten uns anderen Dingen zu. Ich hatte ohnehin schon das Gefühl, dass ich mich mit meinen Überzeugungen und dem Dowsing knapp an der Grenze des gesellschaftlich Akzeptablen bewegte, und verspürte daher keinerlei Bedürfnis mich noch weiter in die „Wildnis" hinaus zu wagen und mich noch stärker von meinen Freunden zu isolieren. Ich sprach zwar anschließend doch mit einigen Leuten über dieses Thema und grübelte einige Tage darüber nach, aber schließlich schob ich den Gedanken beiseite.

Zwei Wochen nach meinem Besuch bei der Astrologin wurde ich gebeten, die Energie in einem Haus zu überprüfen. Meine Klienten hatten meine Arbeit bereits einen Monat vorher in ihrem Geschäft erlebt und wussten, was sie zu erwarten hatten. Das Energieniveau im Laden hatte sich verbessert und die Geschäfte gingen gut. Da die Arbeit dort so erfolgreich gewesen war, hatten sie beschlossen, sich nun dem Haus zuzuwenden. Wie damals üblich, vermaß ich zunächst die Energiefelder, die sowohl positive als auch negative Einflüsse auf die Umgebung und die in ihr lebenden Menschen hatten.

Nach meinem Gefühl und nach der Analyse meiner Aufzeichnungen war klar, dass eine Menge ins Gleichgewicht gebracht werden musste. Der nächste Schritt in diesem mittlerweile veralteten Prozess bestand darin, über der Karte, auf der die Energieverläufe eingezeichnet waren, zu pendeln, um herauszufinden, welche Geräte nötig waren, um im Haus wieder eine ausgeglichene, harmonische Energie herzustellen. Aber so sehr ich mich auch bemühte, ich konnte keine Antwort bekommen. Nach vielen Pausen, einigen Tassen

Tee und mehreren Nickerchen kam mir plötzlich die folgende Frage in den Sinn: „Sind die notwendigen Veränderungen bereits eingetreten?" Das Pendel zeigte ein „Ja" an. Das stürzte mich in einige Verwirrung und führte zu weiteren Fragen. Wenn wir mit dieser Methode arbeiten, müssen wir lernen, auf unsere Intuition zu hören und den Antworten zu vertrauen. Ungewöhnliche Antworten können einen Anfänger natürlich eine Zeitlang aus der Bahn werfen ich war da keine Ausnahme. Das lag nicht daran, dass ich es für unmöglich hielt, dass die Veränderungen bereits eingetreten waren (besonders angesichts der Worte der Astrologin), ich konnte mich nur nicht so schnell dieser neuen Realität anpassen.

Ich stellte eine ganze Reihe weiterer Fragen, die eindeutig in dem Sinn beantwortet wurden, dass störende Energiefelder, wenn ich sie auspendelte, irgendwie und scheinbar ganz von selbst einen ausgeglichenen Zustand erreichten. Es war damals zu früh, um schon zu verstehen, wie und warum, aber die Veränderungen schienen nun einmal passiert zu sein. Am nächsten Tag suchte ich in mir nach Antworten und zog dabei eine ganze Reihe von Möglichkeiten und Wahrscheinlichkeiten in Betracht.

Tags darauf erhielt ich einen Anruf von meiner Klientin. Sie sagte, dass sie zu krank gewesen war, um vorher anzurufen, dass sie mir aber jetzt erzählen wollte, wie sie sich nach meinem Besuch gefühlt hatte. Ich meinerseits erzählte ihr, was anscheinend passiert war. Sie schien mir das perfekte „Versuchskaninchen" für weitere Versuche zu sein, da sie meine Erklärungsversuche problemlos akzeptierte und sogar meinte, das alles würde durchaus Sinn machen. Immerhin hatte sich die Situation positiv verändert, obwohl sie den üblichen Einsatz von Geräten erwartet hatte.

Keine Geräte mehr

Kurz nach meiner ersten Erfahrung ohne den Einsatz von Geräten, überprüfte ich in der Stadt ein anderes Haus. Die Klientin blieb zunächst im Haus, während ich anfing, die Energiefelder aufzuzeichnen, musste dann aber bald darauf zur Arbeit. Ich war nicht einmal überrascht, als auch hier dasselbe Phänomen auftrat. Zu Hause angekommen, pendelte ich die von mir angefertigten Energiekarten aus, um zu bestimmen, welche Geräte nötig waren und wo sie eingesetzt werden sollten. Ich brauchte nicht lange auf die Bestätigung zu warten, dass bereits Ergebnisse zu verzeichnen waren. Am frühen Abend klingelte nämlich das Telefon und meine Klientin teilte mir begeistert mit, dass sie hocherfreut war, obwohl sie eigentlich erwartet hatte, Geräte vorzufinden. Sie berichtete mir, dass sie schon beim Öffnen der Haustür den energetischen Unterschied festgestellt hatte. Sie benutzte Worte wie „leichter", „glücklicher" und „positiver". Offensichtlich war etwas geschehen, als ich das Haus ausgependelt hatte – etwas sehr Machtvolles. Das war vor vielen Jahren und ich brauche wohl kaum zu erwähnen, dass ich heute keinerlei Geräte mehr verwende.

Als Folge dieser Erlebnisse und vieler Stunden Dowsing, die ich mit praktischen Versuchen verbrachte, gekoppelt mit ausführlichen Schilderungen zufriedener Klienten, wurde mir klar, dass es einzig und allein meine Absicht beim Bauen der Geräte war, die die Energie in der Umgebung verändert hatte. Meine Absicht hatte darin bestanden, die Umgebung zu harmonisieren und sie ins Gleichgewicht zu bringen. Diese Absicht hatte mit den Bedürfnissen der Bewohner übereingestimmt; meine eigenen Vorstellungen von „richtig" und „falsch" hatten dabei keine Rolle gespielt.

Natürlich habe ich dieses Phänomen seither gründlich erforscht, bevor ich mich damit in der Öffentlichkeit präsentierte.

Scheinbar verankerte das Gerät einfach meine Absicht und gab den Klienten einen Punkt, auf den sie sich im Rahmen der gewünschten Veränderungen konzentrieren konnten. Das trifft wohl auch auf die traditionellen Mittel des Feng Shui zu: Zunächst einmal ist die Bereitschaft zum Wandel nötig, dann die Bitte an einen Meister des Fachs, dem man zutraut, die Störung zu beseitigen – und voilà!: Schon ist sie beseitigt! Natürlich gibt es viele Menschen, die handfeste Beweise für die vollbrachte Arbeit verlangen, und viele Praktiker, die diese Forderungen gerne erfüllen. Ich habe aber im Lauf der letzten Jahre entdeckt, dass immer mehr Menschen größere Verantwortung für ihr Leben übernehmen möchten, und sobald ich ihnen diese Dinge in leicht verständlichen Begriffen erklärt habe, sind sie nur zu gern bereit, ihre Rolle bei der Erschaffung ihrer Realität zu akzeptieren.

Die Brücke zwischen Materie und Geist

Dowsing ist nicht nur eine einfache Methode, um das unsichtbare Universum zu erforschen, sondern auch ein Weg des persönlichen Wachstums. Dowsing gleicht einer Brücke zwischen bekannten, uns allen zugänglichen Informationen und dem verborgenen, „esoterischen" Wissen. Wenn sich Menschen auf die Erforschung der materiellen Welt beschränken und alles Spirituelle ablehnen, scheint ihre natürliche Empfindsamkeit gegenüber der Totalität der Umwelt zu verkümmern. Manche von ihnen rechtfertigen diese ablehnende Haltung, indem sie davon sprechen, dass sie vom herrschenden Materialismus oder einem anderen „Ismus" quasi dazu gezwungen wurden; andere sprechen davon, dass die Spiritualität durch die organisierte Religion unterdrückt wurde oder dass sie nun einmal unglücklicherweise in eine patriarchalische Ordnung hineingeboren wurden, die sie eigentlich ablehnen. Aber so lange wir der Vergangenheit oder anderen Menschen die Schuld für unsere Probleme geben, halten wir, wenn auch unbewusst, die Polarität unserer Vorstellung von „gut" und „böse" aufrecht. So lange wir diese aufrechterhalten, können wir niemals die grundlegende Einheit, das Einssein aller Wesen, erfahren. Auch wenn dies gegenwärtig nicht unser aller Ziel sein mag, sollten wir uns doch zumindest bewusst sein, dass die Dualität oder Polarität, die wir durch unser Glaubenssystem immer wieder neu erschaffen, die Kraft ist, die sowohl unsere guten als auch unsere schlechten Erfahrungen erzeugt.

Unabhängig davon, was unser persönliches Ziel zur Zeit sein mag, ist Dowsing ein Schlüssel zu einer Tür, die seit langem verschlossen war. Wir alle sind unglaublich feinfühlige Wesen, aber unsere Empfindsamkeit gegenüber der Totalität unserer Umwelt ist seit langer Zeit durch die Bedürfnisse und Wünsche der niedrigeren Frequenzen unterdrückt worden. So lange wir uns in einem zwar subtilen, aber konstantem Zustand allgemeiner Angst befinden und nur mit dem Überleben in der materiellen Welt beschäftigt sind, haben wir keine Zeit, uns mit der Realität unserer Situation auseinander zu setzen und sie zu hinterfragen. Wir versinken im Sumpf des Alltags und verlieren jeglichen Kontakt mit dem, was wir eigentlich sind. Diese kollektive

„Opfermentalität" erlaubt es denjenigen, die nach Macht um jeden Preis streben, die breite Masse zu kontrollieren und zu manipulieren, um auf diese Weise ihre Macht noch weiter auszudehnen.

Wir alle sind mehr und mehr von der linken Gehirnhälfte – der intellektuellen Seite – abhängig geworden und haben den Kontakt zur rechten Gehirnhälfte – dem Sitz von Intuition und Instinkt – verloren. Die Kunst ist schon immer eine tolerierte Ausdrucksform einer ganzheitlichen Sicht gewesen, aber auf die Spiritualität trifft dies leider nicht zu. Kunst muss sich den gesellschaftlich akzeptierten Standards nur bis zu einem gewissen Punkt anpassen. Zwar ist ein Grossteil der Kunst in den Bereichen Musik, Malerei, Bildhauerei oder Schauspielerei „progressiv", aber Kunst findet doch immer unter bestimmten gesellschaftlichen Rahmenbedingungen statt. Dennoch hat die Menschheit seit ewigen Zeiten versucht, ihre höhere spirituelle Natur durch die Kunst auszudrücken. Diejenigen, die sich der höheren Natur ihres Selbst bewusst waren, mussten häufig mit Verfolgung, Folter und Tod rechnen. Das trifft zwar besonders auf die westlichen Kulturen und alle patriarchalischen Gesellschaften zu, aber in allen Kulturen, in denen sich eine organisierte Religion entwickelte, entstand auch eine Hierarchie mit ihr eigenen Kontrollmechanismen. So wurde uns der instinktive Teil unseres Wesens nach und nach „weg genommen" und mit der alten Lüge „wir wollen doch nur euer Bestes" gestohlen, was natürlich zutraf, da die Priester sich tatsächlich unser Bestes aneigneten – unsere persönliche Macht.

Wem es nicht gelingt, wieder in Kontakt mit den instinktiven Fähigkeiten der rechten Gehirnhälfte zu kommen, der verpasst das Offensichtliche. Dowsing hilft uns (anfangs auf linkshirnige Weise), uns unseren Gefühlen zu öffnen. Das ist natürlich in einer Kultur, die immer wieder verneint, dass es überhaupt Gefühle gibt, ein schwieriger Prozess. Würden wir die Umwelt tatsächlich fühlen und ihrer Erhaltung nicht nur Lippendienste erweisen, könnten wir sie niemals so behandeln, wie wir es heute tun; noch könnten wir zulassen, dass andere sie so respektlos behandeln. So lange wir die Umwelt und das Bewusstsein der Erde nicht fühlen (erkennen) können, rechtfertigen wir in unserer Unwissenheit unser Verhalten mit dem politischen und sozialen Schlagwort des Fortschritts. Für mich wird durch das Dowsing ein Zugang zu einem Gefühlsleben und einer Sensibilität eröffnet, die uns eine wundervolle Welt offenbart, in der alles möglich ist.

Ein Rat für Anfänger

Ich benutze zwar auch weiterhin eine L-Rute und ein Pendel, um meine Wahrnehmungsfähigkeiten in der energetischen Welt weiter zu entwickeln, aber ich brauche diese Instrumente heute immer weniger. Es gibt viele Menschen, die überhaupt keine Instrumente brauchen, weil sie einfach das Selbstvertrauen und die nötige Bewusstheit haben, um die richtigen Fragen zu stellen. Aber für die meisten Menschen ist Dowsing ein guter Ausgangspunkt für diese Entdeckungsreise. Einer der Vorteile des Dowsing besteht darin, dass man, wenn man damit fertig ist, „abschalten" und sich ausruhen kann, während man sein eigenes Energiesystem langsam aufbaut, um mit der zunehmenden Sensibilität umgehen zu können.

Es heißt, dass ein Dowser früh stirbt. Allerdings konnte ich mit dieser Aussage noch niemanden von der Teilnahme an einem meiner Seminare abhalten. Dennoch sollten wir diese Behauptung näher untersuchen. Ich bin überzeugt, dass wir beim Dowsing das Energiespektrum absuchen, um eine bestimmte Frequenz zu finden. Dowsing ist durchaus mit einem Zustand tiefer Meditation vergleichbar, denn die Gehirnwellenmuster des Dowsers bewegen sich innerhalb derselben Frequenzen, die sich auch bei Menschen feststellen lassen, die meditieren – allerdings mit einem Unterschied. Der Dowser hat einen Teil seines Gehirns aktiviert, der das elektromagnetische Spektrum absucht, während er selbst im meditativen Zustand verbleibt. Da Anfänger natürlich Probleme haben, diesen Zustand der inneren Stille inmitten der Hektik des Lebens aufrechtzuerhalten, kommt es häufig zu verwirrenden Antworten und falschen Aussagen. Wenn wir einfach nur still sind und uns völlig auf die Frage konzentrieren, kann das Gehirn ungestört die verschiedenen Energiemuster absuchen, bis es die Frequenz entdeckt, die der Frage entspricht.

Als ich mit Dowsing anfing, entdeckte ich verschiedene Energiefelder, die mir alle Kraft entzogen. Dazu gehörte die elektromagnetische Strahlung, die von Hochspannungsleitungen, Transformatoren und Mikrowellensendern ausgeht. Dies sind sicherlich nicht die einzigen Energiefelder, die uns auf diese Weise beeinflussen können, aber bei mir waren sie es. Die Entwicklung zum guten Dowser ist eine langsame, individuell sehr verschiedene Reise, auf der wir immer nur den Energien zu begegnen scheinen, mit denen wir auch umgehen können oder die uns ein bisschen herausfordern. Dies ist wohl eine Art

Sicherheitsventil, das sicherstellen soll, dass wir eben nicht früh sterben. Viele Dowser, die bewusst oder unbewusst auf den bereits erwähnten Ebenen arbeiten „also mit lokalem, Horizont-, Landkarten- oder Informations-Dowsing und der Zusammenarbeit mit der Natur„ werden einer unglaublichen Vielzahl von Energiefeldern ausgesetzt, die sie normalerweise abgeblockt hätten. Dieses Abblocken kann entweder auf fehlende Sensibilität gegenüber der Umwelt hinweisen oder bewusst eingesetzt werden, um uns vor bestimmten Energien zu schützen, die wir als „böse" oder für uns schädlich empfinden.

Beim Dowsing geht es aber gerade darum, sich zu öffnen und etwas zu suchen. Unser Problem ist ja unser mangelndes Einfühlungsvermögen für die Umwelt. Solange wir unsere Verbindung zur natürlichen Welt leugnen, errichten wir unbewusst Mauern um uns herum, die uns vor den angeblichen Gefahren der Natur schützen sollen. Diese Mauern wurden natürlich nicht über Nacht errichtet und meistens haben wir sie auch – von den Fällen puren Aberglauben einmal abgesehen nicht absichtlich erbaut. Es sind aber genau diese Mauern, die uns daran hindern, unsere Welt und unseren Platz in ihr besser zu verstehen. Wir befinden uns also in einer Zwickmühle: einerseits scheinen diese Mauern notwendig zu sein, um uns zu schützen, andererseits sind sie es, die verhindern, dass wir unser wahres Wesen erkennen und die Freiheit genießen können, die Bewusstheit mit sich bringt. Auf den ersten Blick scheint diese Situation so verwirrend zu sein, dass wir ihr nur durch einen Akt blinden Glaubens entkommen können. Der Glaube kann zwar durchaus helfen, aber Dowsing ist eine viel sanftere Alternative, die uns an einen Punkt bringen wird, von dem aus wir vertrauensvoll ins Ungewisse springen können.

Warum also sollten Dowser früh sterben? Wenn wir uns all diesen Energiefeldern öffnen, deren Existenz vom Verstand so lange geleugnet wurde, setzen wir den Körper Energien aus, an die er nicht gewöhnt ist. Wenn wir nicht erkennen, was hier vor sich geht und warum wir uns beispielsweise nach dem Dowsing müde und erschöpft fühlen und was wir tun können, um die Situation zu unseren Gunsten zu verändern, setzen wir unser Immunsystem einem ungeheuren Stress aus. Und das Immunsystem kann eben nur so viel vertragen, bis es zusammenbricht. Letzten Endes ist es unser Widerstand gegen den Wandel, der sich negativ auf uns auswirkt, Krankheiten verursacht und schließlich zum Tod führt. Aber der Tod des Körpers ist nicht, wie viele Menschen glauben, das Ende. Selbst der Tod bringt nicht automatisch Frieden und Glück mit sich und führt nicht zwangsläufig in die Einheit oder das Nichts.

Erinnerung und Bewusstsein

Manche Menschen wehren sich gegen Veränderungen stärker als dies andere tun, weil sie bestimmten Erinnerungen anhängen, ja geradezu süchtig nach ihnen sind. Faszinierende „und gleichermaßen abstoßende" Experimente mit Ratten, in denen versucht wurde herauszufinden, wo Erinnerungen gespeichert werden, brachten interessante Ergebnisse hervor. Bei einigen Ratten wurde ein Teil des Gehirns entfernt, um dann verkehrt herum wieder eingesetzt zu werden; bei anderen wurde das Gehirn gar zerhackt und dann wieder eingefügt. Da das Erinnerungsvermögen dadurch nicht beeinflusst wurde, schlossen die Wissenschaftler, dass Erinnerung nicht im Gehirn gespeichert wird. Manche Wissenschaftler glauben heute im Modell des holographischen Universums, das auf die individuellen Teile eines Hologramms angewendet werden kann, den Schlüssel zum Verständnis des Gedächtnisses gefunden zu haben. Das holographische Prinzip erklärt aber nicht nur das Gedächtnis, sondern auch eine ganze Reihe „übersinnlicher" Phänomene. Erinnerungen werden zwar vom Gehirn abgerufen, aber nicht in ihm gespeichert.

Wir können uns diesem Thema auch von einer anderen Warte aus nähern, wenn wir uns vorstellen, dass wir Wesen sind, die in einem kosmischen Ozean reinen Bewusstseins schwimmen. In diesem Ozean existiert kein Punkt, an dem ein Wesen anfängt und ein anderes aufhört. Dieser Ozean kann auch als göttliches Bewusstsein oder als Akascha-Chronik bezeichnet werden. Ich nenne es den „nicht-lokalen Geist". Da alle Teile eines Hologramms – oder im Falle dieser hochgradig komplexen, sich ständig wandelnden Manifestation, die wir Leben nennen, des „Holoversums" – alle Information des Ganzen enthalten, funktionieren wir wie individuelle Sender-Empfänger, die aus der Totalität der Umwelt über den physischen und die feinstofflichen Körper Informationen erhalten, die durch die Chakren in verwertbare Energie umgewandelt und von uns als Energie in Form von Gedanken, Worten und Gefühle wieder gesendet werden. Wenn wir die Dinge auf diese Weise betrachten, wird klar, welch starken Einfluss wir auf unsere Umwelt ausüben. Das Feld reinen Bewusstseins, der kosmische Ozean, enthält die Gesamtsumme aller Informationen aus Vergangenheit, Gegenwart und Zukunft. Da dieser Ozean aus reinem

Bewusstsein besteht, befindet er sich außerhalb von Zeit und Raum. Aber weil wir eine physische Form angenommen haben, sind wir im Gegensatz zum reinen Bewusstsein den Begrenzungen von Zeit und Raum unterworfen.

Kommunikation und „Indras Netz"

Erst in letzter Zeit wurden Technologien entwickelt, mit denen Geschwindigkeiten, die die des Lichts übertreffen, gemessen werden können. In einem der Experimente – nach Alexander Bell als das „Bellsche Theorem" bekannt – wurde ein Photon (ein Lichtquant) gespalten und die beiden Teile in verschiedene Richtungen bewegt. Als dann die Richtung eines Photons verändert wurde, stellte man mit Hilfe eines extrem empfindlichen Messgeräts fest, dass das zweite Teilchen seinen Kurs in genau dem Augenblick änderte, als das erste aus seiner Bahn gebracht wurde. Da das mit einer Geschwindigkeit geschah, die die des Lichts übertraf, widersprach dies entweder der Einsteinschen Relativitätstheorie oder zeigte an, dass hier etwas vollkommen Anderes geschehen war. Und das war tatsächlich der Fall. Die Wissenschaftler kamen zu dem Schluss, dass die Teilchen überhaupt nie wirklich voneinander getrennt waren. Daher fand die Kommunikation zwischen den beiden wie in einem Hologramm, in dem jeder Teil die Informationen des Ganzen enthält, augenblicklich statt. Der Ozean selbst ist einfach das Medium, durch das die Informationen übermittelt werden.

Die Hindus erklärten dieses Phänomen, Jahrhunderte bevor Bell oder Einstein überhaupt geboren worden waren, auf einfachere Weise. Sie prägten die Bezeichnung „Indras

Netz"[1] und stellten sich vor, dass alles Leben in einem vierdimensionalen Netz durch Energiefäden miteinander verwoben ist. An der Stelle, an der ein Faden einen anderen kreuzt, befindet sich eine Perle, die das individuelle Bewusstsein eines Menschen repräsentiert. Auf diese Weise sind alle Perlen des Netzes miteinander verbunden. Fällt das Licht einer Kerze auf eine dieser Perlen, fangen im selben Augenblick auch alle anderen an zu leuchten. Das würde bedeuten, dass wir alle uns jederzeit aller Dinge bewusst sind, die im Universum geschehen. Natürlich fällt es zunächst schwer, ein solches Konzept zu akzeptieren, besonders da wir kaum wissen, wer wir selbst sind, und schon überhaupt keine Ahnung haben, wie das Universum funktioniert. Aber wenn wir dieses Konzept näher untersuchen, erscheint es uns vielleicht etwas weniger verrückt. Immerhin gibt es viele gute Gründe, aus denen wir keinen Zugang zu der gesamten Information des Universums haben. Zum einen würde unser Geist (hier ist natürlich der persönliche Geist, also der Verstand gemeint, und nicht der nicht-lokale Geist) mit der Flut der Informationen überhaupt nicht fertig werden. Nach der buddhistischen Lehre sind es unser Karma und die Schleier, die wir aufgrund unserer Konditionierung vor die direkte Erfahrung gelegt haben, die uns daran hindern, Zugang zu diesen Informationen zu finden. Den Buddhisten zufolge wäre ein Zustand, in dem wir die Welt der Energie ständig wahrnehmen könnten, Nirwana (Erleuchtung) – ein Zustand der Glückseligkeit, in dem alles einfach *ist*. Dieser Zustand der Allmacht, Allgegenwart und Allwissenheit ist aber im Holoversum tatsächlich ständig möglich.

---

[1] Indra wird in den indischen Veden anfangs als die höchste Gottheit, der Gott des Firmaments, die personifizierte Atmosphäre beschrieben.

Als physische Wesen und Manifestationen des Holoversums sind wir ein Teil der sich entfaltenden expliziten Ordnung des Lebens. Auf der anderen Seite der Münze befindet sich das Nicht-Manifestierte, die implizite Ordnung – der „Ozean", aus dem alles Leben hervortritt. Unsere physische Realität ist in gewisser Hinsicht eine Projektion des Bewusstsein aus der impliziten Ordnung des Universums heraus. Ohne das Bewusstsein dieser inneren Ordnung könnten wir als physische Wesen nicht in der äußeren Ordnung existieren. Wie innen, so außen!

7

Was ist Erinnerung?

Die DNS als eine Quelle der Erinnerung

Unsere gegenwärtige Realität beruht auf Erinnerungen an vergangene Ereignisse, die zum Teil in Form von genetischen Erinnerungen in unserer DNS gespeichert sind. Dieses „biologische Gedächtnis" wurde uns von unseren Eltern, Großeltern und sonstigen Vorfahren vererbt. Wir sind, was wir denken, und unsere Gedanken basieren auf unseren Erinnerungen. Unser genetischer Kode stellt die Grundlage unserer Erfahrungen dar, die bestimmt, wie wir das Leben wahrnehmen und auf welche Weise wir unsere Erfahrungen als Erinnerungen speichern. Dieser Originalkode, mit dem wir auf die Welt gekommen sind, hat einen entscheidenden Einfluss darauf, welche Erfahrungen wir anziehen und wie wir auf sie reagieren. Wir verfügen über Erinnerungen an die Körperlichkeit unseres Wesens; wir verfügen über Erinnerungen an die Erfahrungen unserer Seele; und wir verfügen über eine wachsende Anzahl an Erinnerungen, die wir in unseren physischen, emotionalen, mentalen und spirituellen Körper gespeichert haben.

Man kann die DNS mit einem Computerchip vergleichen (vor einigen Jahren wurde sie noch mit einer ganzen Bibliothek verglichen!). Wenn wir verstehen, wie eine so gewaltige Menge an Informationen auf einem so kleinen Gegenstand wie einem Mikrochip gespeichert werden kann, dann können wir vielleicht leichter akzeptieren, dass auch die DNS eine ungeheure Menge an Informationen speichern kann. Unsere Körperlichkeit ist in der DNS auf dieselbe Weise enthalten, wie eine Karotte im Karottensamen enthalten ist. Unsere Größe, unser Gewicht, die Farbe von Haut, Augen und Haaren sind genetisch vorprogrammiert. Auch die Form und Funktion von Organen, Muskeln und dem Skelett, so individuell verschieden sie auch sein mögen, sind genetisch vorherbestimmt. Das DNS-Informationspaket, das schließlich die Gestalt eines bestimmten Menschen erschaffen wird, hat sich im Lauf von Jahrtausenden entwickelt und wurde von einer Generation an die nächste vererbt.

Dies ist aber bei weitem nicht die einzige Art und Weise, wie wir Erfahrungen und damit Erinnerungen ansammeln. Je älter wir werden, desto mehr werden wir durch unsere soziale Umgebung beeinflusst. Dabei spielen unsere Eltern und Geschwister, soziale Gruppen, ökonomische Faktoren, religiöse Zugehörigkeit und politische Aspekte wichtige Rollen. So lange wir in diesem Körper sind, erfahren wir das Leben und sammeln weitere Erinnerungen an.

Eine morphogenetische Quelle

Es gibt eine andere Form des Gedächtnisses, nämlich das kollektive Gedächtnis, das wir direkt durch den „Ozean" anzapfen können. Rupert Sheldrake entwickelte das Konzept des morphogenetischen Feldes, demzufolge Arten in der Lage sind, persönliche Erfahrungen aufzunehmen und sie dem Bewusstsein des Ganzen hinzuzufügen. Durch dieses „Hinzufügen" stehen die Erfahrungen einzelner Mitglieder der ganzen Art direkt durch das kollektive Bewusstsein und nicht nur über den Umweg des biologischen Gedächtnisses zur Verfügung. Man könnte dies als eine Art kosmisches Internet bezeichnen, in dem einzelne Individuen Informationen in das Medium eingeben, die sofort auch allen anderen zugänglich sind.

Es gibt zahlreiche Anhaltspunkte, die das Konzept des morphogenetischen Feldes unterstützen – zum Beispiel das Phänomen des hundertsten Affen. Auf einer Insel vor der japanischen Küste lebte eine Gruppe von Affen, die die örtlichen Süßkartoffeln besonders schätzte. Unglücklicherweise wuchsen diese in sandigem Boden, so dass beim Essen eine Menge Sand mitverzehrt werden musste. Die Affen fanden eine Lösung für dieses Problem, indem sie die Süßkartoffeln zum Strand trugen und sie im Wasser wuschen. Schon kurz darauf wurde festgestellt, dass Affen auf anderen Inseln überall auf der Welt dasselbe taten. Bis zu dem Zeitpunkt, an dem die erste Affengruppe angefangen hatte, ihre Süßkartoffeln zu waschen, war keine andere Gruppe jemals bei dieser Tätigkeit beobachtet worden.

Bei einem Experiment in den Vereinigten Staaten, in dem es darum ging, festzustellen, mit welcher Geschwindigkeit Ratten bestimmte Aufgaben lernen konnten, wurde beobachtet, dass eine Versuchsgruppe sechs Wochen brauchte, um eine bestimmte Aufgabe zu lösen. Daraufhin wurde in England dasselbe Experiment mit anderen Ratten durchgeführt. Diese brauchten nur vier Tage, bis sie die Aufgabe erfolgreich bewältigt hatten. Bei anderen Untersuchungen wurde festgestellt, dass Mäuse, die in ein Labor gebracht wurden, in dem bereits Experimente mit anderen Mäusen durchgeführt worden waren, sich extrem erregt verhielten – so als ob sie das Leiden ihrer Vorgänger spüren konnten. Wenn die Morphogenese als Faktor akzeptiert wird, steht manches in der Evolutionsgeschichte in einem anderen Licht.

Aber um auf die Erinnerungen zurückzukommen, die wir aufgrund unserer eigenen Erfahrungen speichern, können wir sehen, dass unser Leben von guten wie schlechten Ereignissen bestimmt wurde. Dabei ist aber immer zu berücksichtigen, dass der Originalkode der DNS die Grundlage darstellt, der wir unsere eigenen Erfahrungen hinzufügen. Wenn wir versuchen herauszufinden, wo dies eigentlich alles anfing, sind wir von vornherein zum Scheitern verurteilt, denn die Erinnerungen sind zwar unsere einzigen Hinweise, aber die Antwort liegt nicht im Bereich der Erinnerungen. Wieder befinden wir uns also in einer Zwickmühle. Mit scheint aber, dass die meisten Probleme unserer Zeit (wenn wir denn das Chaos und die herrschende Verwirrung als „Probleme" verniedlichen wollen) nur deshalb entstehen, weil wir uns ausschließlich auf alte Erinnerungsmuster verlassen, um unsere Realität zu definieren. Es ist unsere geistige Unbeweglichkeit, die uns in einem selbstzerstörerischen Muster gefangen hält – so als ob wir nach einem bestimmten Film süchtig wären und uns dasselbe Video immer und wieder anschauen würden.

Der berühmte amerikanische Familienpsychologe John Bradshaw ist der Meinung, dass es nicht die eigentlichen traumatischen Ereignisse sind, die zu Dysfunktionalität und Störungen in unserem Leben führen, sondern die Unfähigkeit oder die fehlende Möglichkeit, über ein solches Trauma zu sprechen. Wenn sich eine Person eines traumatischen Ereignisses schämt und anderen nichts davon mitteilen will, wird sie es verdrängen und tief in sich verbergen. Auf diese Weise wird es aber zu einer äußerst machtvollen Erinnerung, die das Verhalten dieser Person unter Umständen ein Leben lang prägen wird, wenn nichts getan wird, um die mit der Erinnerung verknüpfte Spannung aufzulösen.

Die Quelle der Erinnerung

Das Gedächtnis lässt sich nicht in einem bestimmten Bereich lokalisieren und liegt ganz sicher nicht ausschließlich im Gehirn, da der ganze Körper ein komplexes System aus verschiedenen Frequenzen ist. Interessant ist in diesem Zusammenhang die Tatsache, dass jede Schwingungsfrequenz durch eine bestimmte Farbe und einen bestimmten Klang repräsentiert wird. Da jedes Gefühl eine ganz bestimmte Schwingung hat, können zum Beispiel Liebe und Wut aufgrund ihrer Frequenzen identifiziert werden. Auch die verschiedenen Muskelgruppen operieren innerhalb bestimmter Frequenzbereiche. Energie in Form von Erinnerung und Schwingung kann in der Muskulatur als Verspannung gespeichert werden. Bestimmte Heilmethoden wie Massage, Reflexzonentherapie, Akupressur und Akupunktur konzentrieren sich überwiegend darauf, energetische Blockaden an den Stellen zu lösen, an denen sich Spannung aufgebaut hat. Viele Menschen haben schon das Freisetzen von Emotionen erlebt oder eine Heilungskrise durchgemacht, nachdem bestimmte Muskelgruppen auf diese Weise stimuliert worden waren. Das ist deshalb möglich, weil in diesen Muskeln Spannungen, das heißt Erinnerungen an alte Traumata, gespeichert waren.

Das Gedächtnis ist eine sehr persönliche und nicht wirklich greifbare Sache. Die meisten von uns nehmen an, dass es irgendwo in einem rätselhaften Teil unserer physischen Anatomie gespeichert ist. Aber unsere engen Konzepte von dem, was das Selbst ist, engen auch unser Vorstellungsvermögen in Bezug darauf ein, wie und wo Erinnerungen eigentlich gespeichert werden. Um unser Potential verwirklichen zu können, müssen wir erst aus unserer begrenzten Vorstellung vom Selbst ausbrechen, damit wir wirklich verstehen können, was dieses Ding namens „Gedächtnis" ist und wie es unser Leben bestimmt.

Es gibt mehr als nur eine Möglichkeit, alte Erinnerungsmuster aufzulösen. Deepak Chopra erzählte zum Thema Zellgedächtnis eine wundervolle Geschichte von einer Frau, der ein neues Herz eingepflanzt worden war. Als sie aus der Narkose aufwachte, verspürte sie ein ungewöhnliches Verlangen nach Bier und *Chicken McNuggets* – zwei Dinge, die sie vorher nie gemocht hatte. In einer der folgenden Nächte träumte sie von einem Mann namens Dave, der ihr sagte, wie sehr er sie liebte, weil sie jetzt sein Herz habe. Natürlich war die Frau ziemlich verwirrt. Am nächsten Tag sah sie die Zeitungen auf Todesanzeigen der Tage unmittelbar vor der Transplantation durch. Und da stand es Schwarz auf Weiß: Ein betrunkener Mann namens Dave war bei einem Motorradunfall gestorben, nachdem er gerade aus einem McDonalds gekommen war. Zufall? Wohl kaum! Die Erinnerungen oder Eindrücke von Daves

Bewusstsein lebten in den Zellen des Herzens weiter. Im Lauf der Zeit (weil sich der Körper ständig erneuert und alte Zellen ersetzt werden) wurde das Bewusstsein der Herzempfängerin stärker, so dass Daves Erinnerungen nach und nach verloren gingen.

Durch derartige Erfahrungen sehen sich die Empfänger von Organen in einem Dilemma, besonders in den Fällen, in denen die Organe von Pavianen oder Schweinen stammen, deren DNS verändert wurde, um die Gefahr der Organabstoßung zu verringern. Aufgrund dieser Informationen können wir derartige Organe nicht länger als bloße „Ersatzteile" sehen, sondern müssen erkennen, dass sie ein lebender, mit Bewusstsein ausgestatteter Teil einer anderen Art sind, der die genetischen und zellulären Erinnerungen dieser Art enthält. Das sollte uns zu denken geben, wenn wir uns der Frage gegenübersehen, ob wir ein solches Organ in uns haben möchten oder nicht.

Die Rolle von äußeren Reizen

Die Integrität des Zellgedächtnisses wird durch die Verbindung von Bewusstsein und Erinnerung aufrechterhalten, die das tote Gewebe weiterhin mit dem ursprünglichen Besitzer verbindet. Wird die Verbindung unterbrochen, das heißt in diesem Fall, dass keine weitere Energie in Form von alten Glaubensmustern zugeführt wird, besteht die Möglichkeit, die Erinnerungen zu verändern.

Traditionelle Stammeskulturen in Australien und anderen Teilen der Welt halten ihre Stammesgeschichte und die Verbindung zu ihrer Mythologie durch die Glaubensmuster eines jeden Stammes aufrecht. Daher bleibt die Erinnerung an die Mythologie solange lebendig, wie die Mitglieder der Stämme an sie glauben und sich in ihrem täglichen Leben danach richten. Wenn eine ausreichende Zahl von Menschen eine bestimmte Form der Wirklichkeitswahrnehmung teilt – zum Beispiel in Form einer bestimmten Schöpfungsgeschichte –, wird die Energie dieses Mythos ein integraler Bestandteil der Realität der betreffenden Kultur. Der Glaube kann so stark sein, dass die Erinnerung an den Mythos selbst Wirklichkeitscharakter annimmt.

Das eben Gesagte trifft auch auf die meisten Institutionen der westlichen Kulturen zu, da jede Form der sozialen Organisation letzten Endes auf einem kollektiven Glaubenssystem beruht. Jede Organisation – ganz gleich, ob es sich dabei um das Sozialsystem, die Kirche, das Banken- oder Rechtswesen handelt – ist von dem Glauben, dem anhaltenden Wohlwollen und der aktiven Unterstützung seiner Anhänger abhängig, um seine Existenz aufrechtzuerhalten. Würden Menschen überall auf der Welt nicht mehr an die katholische Kirche oder an den Kapitalismus glauben, würden diese Systeme ebenso zusammenbrechen wie es die so genannten kommunistischen Länder Osteuropas taten. Das eben Gesagte trifft natürlich auch auf Regierungen zu. Meistens wird ein Regierungswechsel durch Protestwähler herbeigeführt, das heißt durch Wähler, die ihre Unterstützung einer Person oder einer Partei zurückziehen und auf eine andere übertragen.

Hier geht es aber um weitaus grundlegendere Veränderungen. Wir versuchen ja nicht die bestehende Ordnung durch einen Aufstand zu stürzen, sondern bemühen uns, die Veränderungen von innen heraus herbeizuführen, indem wir die Bindung an unsere Erinnerungen auflösen. Wir wollen die Erinnerungen selbst aber nicht zerstören, weil sie ein unverzichtbarer Teil unseres Wesens sind, wir müssen nur ändern, wie wir unsere Erinnerungen wahrnehmen.

Jeder von uns hat bestimmte emotionale Reaktionen auf bestimmte äußere Reize. Aber auch die emotionalen Reaktionen einer Kultur auf eine bestimmte Situation unterscheiden sich grundlegend von der einer anderen. So entstehen Kriege häufig deshalb, weil eine Gruppe sich im Recht fühlt und versucht, seine Vorstellungen einer anderen aufzuzwingen. Will eine Gruppe die Veränderung durchsetzen, die von einer anderen abgelehnt wird, muss zwangsläufig ein Konflikt entstehen. Das geschieht aber nicht nur auf gesellschaftlicher Ebene, sondern findet ständig auch in uns selbst statt. Der Konflikt zwischen einem Teil von uns und einem anderen – zum Beispiel zwischen Verstand und Herz oder Geist und Körper – ist um so stärker, je mehr wir von uns selbst getrennt sind. Da wir diese inneren Konflikte ständig in uns austragen, ist es kein Wunder, dass es in der äußeren Welt dermaßen viele Konflikte gibt.

Was würde geschehen, wenn wir gewalttätige Auseinandersetzungen und unmoralisches Verhalten nicht länger unterstützen würden? Das ist natürlich nur ein Traum, da es irgendwo immer irgendeine Gruppe gibt, die nur darauf wartet, die Schwäche anderer auszunutzen. Aber was würde geschehen, wenn wir erkennen würden, dass wir alle allmächtig, allgegenwärtig und allwissend sind? Denken wir nur einmal an die Jesus Christus zugeschriebene Aussage: „All dies und noch mehr werdet Ihr tun!" Wen meinte er damit? Hat er das einfach nur so dahin gesagt? Wenn wir doch nur erkennen könnten, dass wir jeden Tag Wunder wirken!

Es ist Teil der natürlichen Ordnung des Universums, dass wir „Wunder" wirken. Unglücklicherweise haben wir unsere schöpferischen Fähigkeiten so sehr unterdrückt und so gut in uns verborgen, dass wir völlig vergessen haben, dass es sie überhaupt gibt und dass es sie immer gegeben hat.

Unsere kreativen Versuche sind meistens ziemlich kläglich, da sie auf Gier und den angeblichen Bedürfnissen des Körpers, auf dem Wunsch nach Macht, Ruhm und Kontrolle beruhen oder unsere dunkle Seite in Schach halten sollen, die manche auch als kollektiven Schatten bezeichnen. So lange wir diese Vorstellung von Realität aufrechterhalten, besteht keine Chance, dass unsere wahre Schöpfermacht jemals zum Vorschein kommen und uns aus unser selbstverursachten Finsternis erlösen kann. Unsere Erinnerungen bestimmen unsere Zukunft. Oder um genauer zu sein: Die Bindung an unsere Erinnerungen erschafft unsere Zukunft. Um uns aus dem festen Griff der Erinnerungen zu lösen, ist es wichtig zu erforschen, was Bewusstsein eigentlich ist und wie es uns helfen kann.

8

Was ist Bewusstsein?

Wir haben bis zu diesem Punkt lediglich den kleinen Zeh in den kosmischen Ozean gesteckt, um herauszufinden, ob in ihm irgendwelche Piranhas schwimmen. Unglücklicherweise gibt es in ihm tatsächlich Piranhas und jede Menge Haie, aber auch Delfine und Einhörner, Monster und Kobolde, Elfen und Engel. Schließlich ist der Ozean alles, was wir und alle anderen Wesen sich auch nur im Entferntesten vorstellen können – und noch mehr.

Es gibt heutzutage ein Überangebot an Büchern, in denen außerkörperliche und Nahtoderfahrungen beschrieben werden oder in denen Buddhisten und Christen ihre Auffassung von Bewusstsein darlegen – also von der Essenz, die hinter allen Erscheinungen des Lebens steckt. Dabei kann man feststellen, dass sich die eher esoterischen Lehren des Christus – die verborgenen Werke - nicht besonders von den buddhistischen oder altägyptischen Texten oder von denen anderer Weltreligionen oder großer Philosophien unterscheiden. Natürlich hat jede ihre besonderen Betrachtungsweise der „Realität", die zudem im Lauf der Zeit durch Übersetzungsfehler, politische Interessen oder religiöse Machtspiele verzerrt wurde, aber dennoch ähneln sie sich alle in ihren Kernaussagen. Viele Menschen werden den in diesem Buch vorgestellten Ideen nicht zustimmen, manche werden sich sogar mit Händen und Füßen dagegen wehren, weil ihre Bindung an ihre Erinnerungen dazu führt, dass sie alles angreifen, was nicht mit ihrer Sicht der Dinge übereinstimmt. Es ist ja gerade dieses Festhalten an Vorstellungen, wie die Dinge sind oder sein sollten, das die Wirklichkeit eines Menschen bestimmt. Vielleicht wäre ja alles wunderbar, wenn wir alle an dasselbe glauben würden. Aber angesichts der Erfahrungen dieses Jahrhunderts, in dem mehrmals versucht wurde, allen anderen die eigene Sichtweise aufzuoktroyieren, habe ich da meine Zweifel.

Das Bewusstsein der Energie

Wenn wir uns die eher metaphysischen Ursachen störender Energiefelder in unserer Umgebung anschauen, gewinnen wir einen tieferen Einblick in das Wesen des Bewusstseins. Dabei sollten wir immer daran denken, dass unsere Wahrnehmung und unsere Reaktion auf energetische Phänomene bestimmt, ob wir diese als positiv oder negativ einstufen und wie wir uns ihnen gegenüber verhalten. Die Energie selbst ist an sich neutral. Wenn wir verstehen, was Energie eigentlich ist – und was wir sind -, werden wir auch erkennen, dass es die Erinnerungen an vergangene Ereignisse sind, die bestimmte Muster geschaffen haben, aufgrund derer wir auf gegenwärtige Ereignisse reagieren.

Diese Erkenntnis wird uns genug Freiraum schaffen, um geistig einen Schritt zurückzutreten und zu erkennen, dass wir für unsere emotionalen Reaktionen selbst verantwortlich sind. Wenn wir niemals die Gelegenheit wahrnehmen, unser Selbst zu beobachten, dann werden wir unser gesamte Leben auf diesem Planeten mit einer Opfermentalität verbringen, die nur dazu dient, Dualität und Trennung aufrechtzuerhalten.

Meistens entdecke ich bei der energetischen Überprüfung eines Wohn- oder Geschäftshauses, dass einer der Gründe für störende Auswirkungen in der individuellen Reaktion der Bewohner auf die Energien der Umgebung liegt. Damit aber ein Mensch derart auf seine Umgebung reagiert, muss es etwas geben, was bei ihm eine solche Reaktion auslöst. Häufig reagieren wir auf Energien, die uns von den vorherigen Bewohnern oder Besitzern hinterlassen wurden oder von jemandem, der eine besondere Bindung an das Land, das Gebäude oder einen bestimmten Gegenstand im Gebäude hatte. Manchmal reagieren wir auch auf „Traumata", die ihre Spuren im Bewusstsein des Landes hinterlassen haben.

Wenn wir das Konzept des nicht-lokalen Geistes akzeptieren, erkennen wir, dass alles Energie ist und dass jede Form von Energie irgendeine Art von Bewusstsein besitzt. Gedanken sind Energie, denn sie haben eine eigene Schwingungsfrequenz. Gefühle, die ebenfalls Energie sind, können deutlicher wahrgenommen werden als Gedanken. Verschiedene Gefühle schwingen mit verschiedenen Frequenzen. Angst ist die Hintergrundenergie vieler Menschen und weist eine niedrige, fast schwer zu nennende Frequenz auf. Zumindest kann sie als solche interpretiert werden. Da Angst eine bestimmte Frequenz hat, wird eine Schlange, die mit ihrer Zunge Energiemuster, Vibrationen und Frequenzen wahrnehmen kann, diese als bedrohlich empfinden und dieser vermeintlichen Bedrohung sofort mit einem eigenen Angriff zuvorkommen.

Emotionen und Energie

Ich arbeitete einmal in einem Haus, in dem eine alleinerziehende Mutter mit ihrer Tochter wohnte. Derweilen rannte die dänische Dogge der beiden auf der Veranda auf und ab und versuchte, irgendwie ins Haus zu gelangen. Zum Erstaunen der Tochter hatte der Hund mich bei meinem Eintreffen aber nicht angebellt. Sie erzählte mir, dass der Hund die hässliche Angewohnheit hatte, ins Haus zu stürmen und Männern die Arme abzubeißen! Als es dem Hund schließlich doch gelang, ins Haus zu kommen, drückte er mich gegen die Wand und ... leckte mir zur großen Überraschung der Besitzer erbarmungslos das Gesicht ab.

Tiere haben nicht so viele Konditionierungen wie Menschen und unterliegen weder den Regeln des „guten Anstands" noch haben sie Angst, zurückgewiesen zu werden, nur weil sie ihre Gefühle zeigen. Sie erkennen Freund und Feind aufgrund von Energiemustern, die sie wahrnehmen und interpretieren. Auf ein Energiemuster, das ein Tier irgendwie mit schlechter Behandlung assoziiert, wird es dementsprechend aggressiv oder ängstlich reagieren. Bei meiner Begegnung mit der dänischen Dogge spürte der Hund, dass von mir weder Angst noch Wut oder Aggression ausging. Stattdessen nahm er ein machtvolles, positives Gefühl von Wärme wahr, zu dem er sich sofort hingezogen fühlte. Um auf dieser Ebene mit Tieren kommunizieren zu können, ist vor allem die Überwindung von Angst notwendig.

Energieausstrahlungen (Schwingungen)

Natürlich sind auch wir Menschen Teil dieses ständig vor sich gehenden Austausches von Energiemustern. Fühlen wir uns nicht manchmal auf ganz unerklärliche Weise zu jemandem hingezogen oder von einem anderen abgestoßen? Wir spüren die Energie der betreffenden Person, die mit bestimmten Mustern unseres eigenen Energiefeldes in Resonanz tritt. Manche davon mögen wir, andere eben nicht. In den Sechzigern nannte man dieses Phänomen „Vibes" (von „Vibrationen"). Heute ist es immer noch dieselbe Energie, aber wir benutzen andere Worte dafür. Wir alle besitzen die Fähigkeit, die Energien anderer Menschen wahrzunehmen, aber unsere Besessenheit mit materiellem Reichtum und unsere permanente Suche nach Glück hat uns viele der Sinne verschlossen, die uns zur Verfügung stehen. Deshalb erkennen wir nicht, was eigentlich vor sich geht – und aus welche Gründen.

Wir strahlen aber ständig Energiemuster aus, die zeigen, wer wir sind, was wir fühlen und denken. Diese Energiemuster können auf vielerlei Weise wahrgenommen werden: mit den Augen, in der Aura, aber auch durch Riechen und Berühren. Darüber hinaus existiert noch etwas anderes, das nicht so offensichtlich ist. So wie wir ständig senden, wer wir sind, so können wir derartige Information auch von anderen empfangen. Diese Fähigkeit wird normalerweise als „sechster Sinn" bezeichnet. Jeder von uns hat diesen sechsten Sinn, der zwar in manchen Menschen stärker ausgeprägt ist als in anderen, aber dennoch in uns allen vorhanden ist. Dies ist eine unserer besonderen Fähigkeiten, andere zu erkennen - nämlich aufgrund ihrer unverwechselbaren Energiemuster.

Indem wir diesen sechsten Sinn trainieren und einsetzen, lernen wir auch, stärker auf ihn zu vertrauen. Dowsing ist eine wunderbare Methode, mehr über diese Fähigkeit herauszufinden. Wenn wir immer häufiger Zugang zu unserem sechsten Sinn finden und durch Rückmeldungen von anderen Menschen oder durch die Auswertung von Ergebnissen lernen, mehr und mehr auf ihn zu vertrauen, eröffnet sich uns eine ganz neue Welt. Aufgrund dieser Fähigkeit habe ich eine Welt kennen gelernt, die über die fünf Sinne hinausgeht, und deshalb von vielen, die sich gegenüber dieser natürlichen Fähigkeit nicht geöffnet haben, als Unsinn abqualifiziert wird. Aber diese metaphysischen Energien enthalten unter anderem das wahre Geheimnis unseres Seins. Das zu wissen, macht die Reise so spannend. Schließlich erlangen wir nicht nur Informationen aus diesen Energien, durch die unser Verständnis vom Leben erweitert wird, diese neue Bewusstheit bringt uns auch die ersehnte Befreiung.

Materie und Nicht-Materie „sehen"

Der Physiker David Ash stellte basierend auf dem Werk des schottischen Wissenschaftlers Lord Kelvin eine neue Theorie vor, der zufolge die Grundlage allen Lebens der Wirbel (Vortex) ist.[1] Ash zufolge haben alle Atome und subatomaren

---

[1] Siehe „Science of the Gods" von David Ash

Teilchen eine einzigartige Drehgeschwindigkeit. Interessant ist in diesem Zusammenhang, dass Energiefelder mit einer bestimmten Drehgeschwindigkeit nur Energiefelder mit einer ähnlichen oder niedrigeren Drehgeschwindigkeit „sehen" können.

Die meisten von uns akzeptieren, dass wir in einer dreidimensionalen Welt leben, was heißt, dass unsere wahrgenommene Realität Zeit, Raum und Tiefe aufweist. Daher können wir nur Energiefelder „sehen", die eine bestimmte Drehgeschwindigkeit aufweisen. Die Erde erscheint uns als fest, weil die Materie, aus der sie besteht, mit einer äußerst langsamen Geschwindigkeit schwingt, die innerhalb des Spektrums liegt, das wir sehen und erfahren können. Auch Pflanzen – genauer gesagt, die physische Manifestation der Pflanzen – schwingen innerhalb des Spektrums, das von uns wahrgenommen werden kann. Je langsamer die Schwingung, desto fester erscheint das Objekt. Daher scheint auch unser Körper fest zu sein. Nach der holographischen – oder genauer holoversalen – Sicht des Lebens, hat alle Materie, die sich in der physikalischen (expliziten) Ordnung zeigt, eine höhere Energieform in der impliziten Ordnung. Wir könnten diese höhere Energieform „Seele" nennen oder höheres Selbst, das jenseits von Zeit und Raum existiert.

Wir können Materie sehen und sie als fest erkennen, weil sie ein bestimmtes Frequenzmuster hat. Nur weil wir Energie nicht sehen können, heißt das nicht, dass sie nicht existiert. Wir können weder magnetische oder elektrische Felder noch Mikrowellen- oder Gammastrahlen sehen, und doch existieren sie. Bevor Geräte entwickelt wurden, um diese Energieformen zu messen, wäre jeder, der ihre Existenz vertrat, ziemlich in

Beweisnot geraten. Schließlich hielt sich auch die Theorie, dass die Erde flach sei, lange, bevor sie endlich aus dem offiziellen Denken verschwand. Wenn wir abstreiten, dass eine bestimmte Energieform existiert, nur weil wir sie noch nicht mit Geräten messen können, werden wir uns nur später der Lächerlichkeit preisgeben und die Aussagen widerrufen müssen, die wir aufgrund unserer begrenzten Sicht der Dinge heute gemacht haben. Viele Menschen sehen sich aber nicht imstande, ihre begrenzten Überzeugungen abzulegen, und verteidigen sie mit allen Mitteln. Und dies, obwohl ihre Argumente im Lauf der Zeit immer unhaltbarer werden und die durch das Aufrechterhalten und Verteidigen erzeugte gesellschaftliche Polarisierung zu massiven Konflikten führt. Im Bereich der individuellen Gesundheit können wir ebenfalls diesen „Interessenkonflikt" am Werk sehen. Die dadurch erzeugte Spannung ist wahrscheinlich die generelle Grundlage für Krankheit.

Eine neue Sicht der Dinge

Wir sollten uns gegenüber der Möglichkeit öffnen, dass es noch andere Energiemuster gibt, die wir bisher noch nicht erkennen können. Wissenschaftler entdecken das, wonach sie suchen, indem sie Experimente durchführen, die eine Hypothese bestätigen sollen. Ohne Vorstellung von dem, wonach man eigentlich sucht, ist es äußerst schwierig, überhaupt etwas zu finden oder zu erkennen, wann man es gefunden hat. Das trifft natürlich auch auf die eher metaphysisch zu nennenden Energiemuster zu. Wer nicht an ihre Existenz glaubt, wird Mühe haben, sie wahrzunehmen. Aber wer einen offenen und neugierigen

Geist besitzt, vor dem wird sich das Universum in all seiner Pracht entfalten. Sollten Sie die einzige Person sein, die dies auf Ihre einzigartige Weise wahrnimmt, werden Sie wahrscheinlich Probleme damit haben, andere von der Realität Ihrer Erfahrung zu überzeugen. Aber ganz gleich, ob diese von anderen akzeptiert wird oder nicht, eröffnen Sie auch anderen Menschen einen Zugang dazu, indem Sie sie einfach wahrnehmen und zwar unabhängig davon, ob Sie sich dessen bewusst sind oder nicht. Ob andere Menschen das Universum ebenso in seiner ganzen Pracht sehen können wie Sie, hängt von den Erinnerungsmustern ab, die die Wahrnehmung jedes einzelnen Menschen bestimmen und begrenzen.

Wir sollten erkennen, dass wir – wie die Ritter des Mittelalters – das Leben nur durch einen sehr schmalen Sehschlitz wahrnehmen. Die durch diesen schmalen Schlitz gesammelten Informationen werden zur Grundlage dessen, wie wir uns selbst, andere Menschen und unsere Welt beurteilen. Zwar unterliegen wir tatsächlich den Begrenzungen von Raum und Zeit und den eingeschränkten Möglichkeiten des menschlichen Nervensystems, da dieses ja immerhin das Medium ist, durch das wir Erfahrungen machen und sammeln, aber wenn wir anerkennen, dass das Bewusstsein über die menschliche Form hinausgeht, dann wird offensichtlich, dass dieses Bewusstsein sich für diese Form entschieden und wissentlich die begrenzten Möglichkeiten dieser Form akzeptiert hat. Auch in diesem Sinne wären uns unsere Grenzen selbst auferlegt.

Wenn es uns gelingt, den Sehschlitz etwas weiter zu öffnen und das Leben ohne diese Beschränkungen wahrzunehmen, würden wir eine weitaus größere Realität vorfinden, die immer existiert hat und immer existieren wird. Wären wir bereit gewesen, in die richtige Richtung zu schauen und die richtigen Fragen zu stellen, hätten wir sie schon längst wahrnehmen können.

Das buddhistische Nirwana kann hier und jetzt erreicht werden. Es ist nicht etwas, auf das wir warten oder auf das wir hinarbeiten müssen. Es reicht aus, es einfach zu erkennen. Und dieses Erkennen findet hier und jetzt statt und ist nicht das Ergebnis eines endlos langen und komplizierten Prozesses. Die Buddhisten glauben daran, dass unser Karma und unsere Schleier (einschränkende Glaubenssysteme) dafür verantwortlich sind, dass wir das Nirwana nicht hier und jetzt verwirklichen. Dieser Glaube kann uns Ansporn sein, karmische Muster zu heilen und einschränkende Glaubenssysteme aufzugeben und über sie hinauszugehen. Ich nenne diesen Prozess „Leben". Wenn wir nur sehen könnten, dass wir uns bereits im Himmel oder der Hölle befinden!

Ist Glaube gleich Wissen?

Wie schon an anderer Stelle erwähnt, würden wir es auch unseren Mitmenschen leichter machen, wenn wir Zugang zu den Geheimnissen des Universums finden würden.[2] Je mehr Menschen Zugang zu bestimmten Informationen finden oder sie als gültig anerkennen, desto fundierter oder „wirklicher" werden diese Informationen, was es wiederum anderen leichter macht, sich Zugang zu ihnen zu verschaffen. Heute glauben viele Menschen daran, dass sie, nur weil sie die Beschränkungen des physischen Körpers einmal hinter sich gelassen haben, damit auch gleich alle „Geheimnisse"

---

[2] Dies ist als Phänomen des hundertsten Affen bekannt. Siehe dazu von Peter Erbe: „God I Am".

des Universums entdeckt haben. Deshalb möchte ich an dieser Stelle das Wesen des Bewusstseins näher erläutern, damit Sie den Prozess besser verstehen zu können.

Wer glaubt, dass das physische Leben alles ist – nichts vorher und nichts danach – könnte eine unangenehme Überraschung erleben. Auch wenn viele Menschen dies glauben und ihren Glauben erbittert verteidigen werden, bedeutet das nicht, dass sie auf irgendeine Weise klüger oder dümmer sind als alle anderen. Es bedeutet auch nicht, dass sie weniger (oder höher) entwickelt sind. Schließlich ist eine Ansichtssache eben nur Ansichtssache. Und doch sind wir alle nur einen Wimpernschlag von der vollkommenen Erkenntnis und der Wiedervereinigung mit der Einheit allen Lebens entfernt. Aber viele Menschen haben sich anscheinend für einen erheblichen Umweg entschieden; manche von ihnen sind so süchtig nach dem Leben in der dritten Dimension, dass sie die Befreiung weder wollen, noch den Gedanken daran überhaupt akzeptieren.

Wenn Sie aber irgendwo im Hinterkopf die hartnäckige Vermutung mit sich herumtragen, dass auch nach dem Tod des physischen Körpers etwas existieren muss, dann können sie den Gedanken an Befreiung leichter akzeptieren. Sie sind deswegen nicht mehr (oder weniger) entwickelt als irgendein anderes Wesen auf diesem Planeten, aber immerhin haben Sie sich gegenüber der Möglichkeit geöffnet, dass das Leben mehr sein kann „als nur Mühsal und Arbeit". Denken Sie daran: Wenn Sie nicht die richtigen Fragen stellen, können Sie auch keine richtigen Antworten bekommen.

Der Gedanke, dass wir mit einem freien Willen ausgestattete Mitschöpfer dieses Planeten sind, beinhaltet, dass sich alles, was wir uns vornehmen, früher oder später auf der physischen Ebene manifestieren wird. (Allerdings wird der „freie Wille" von vielen entweder absichtlich oder aus Unwissenheit missbraucht.) Irgendwo habe ich gelesen, dass man sich nichts vorstellen kann, was man nicht schon erlebt hat. Wenn wir diesen Gedanken näher betrachten und ihn nicht einfach glauben (oder ablehnen) würden, könnten wir viel über uns selbst herausfinden. Was bedeutet „Du kannst dir nichts vorstellen, was du nicht schon erlebt hast!" Denken Sie einmal darüber nach!

Der nicht-lokale Geist

Mit „nicht-lokaler Geist" meine ich das Bewusstsein, dass über die physische Form hinausgeht. Es ist möglich, den toten oder sterbenden Körper zu beobachten, anschließend ins Leben zurückzukehren und Details zu beschreiben, die nicht auf gewöhnliche Weise herausgefunden werden können. Außerkörperliche und Nahtoderfahrungen weisen auf etwas hin, das über das Körperliche hinausgeht, auf etwas, das Erfahrungen aufzeichnet, nachdem der physische Körper gestorben ist.

Ich finde, dass viele der Nahtoderfahrungen so kurz sind, um uns wirkliche Informationen zu liefern. Den Schriften des tibetischen Buddhismus zufolge ist das helle Licht, das im Augenblick des Todes wahrgenommen wird, die Morgenröte des strahlendes Glanzes, der das wahre Wesen des Geistes ist. Dieses Konzept beschränkt sich nicht nur auf die tibetische Kultur, sondern gilt für jeden von uns. Die Tibeter sagen, dass diese Morgenröte des strahlenden Glanzes nur der Ausgangspunkt für die Reise des Bewusstseins nach dem Tod des Körpers ist, dass auf dem Weg verschiedene Bewusstseinzustände durchlaufen werden und dass er schließlich zur Wiedergeburt in einem menschlichen Körper führt. Dies muss aber nicht zwangsläufig so sein, da die Reise sehr stark davon abhängt, wie groß die Bewusstheit des Betreffenden ist und wie stark seine Bindungen an die dreidimensionale Realität vor dem Tod gewesen sind. Für eine hoch entwickelte und bewusste Seele findet die Reise im Licht ihren Endpunkt.

Die meisten Menschen, die nach einer Nahtoderfahrung ins Leben zurückkehren, haben nur einen kurzen Blick auf das wahre Wesen des Geistes geworfen und den nächsten Schritt auf ihrer Reise noch nicht gemacht. Es heißt, dass der, der „das wahre Wesen des Geistes" hinter sich lässt, große Mühe hat, wieder in den Körper und zum physischen Bewusstsein zurückzukehren. Die Berichte über Nahtoderfahrungen sind zwar voller Licht und Hoffnung, aber dennoch irreführend, weil die Betroffenen die Reise nicht weitergeführt haben und ihrer eigenen „dunklen Seite" noch nicht begegnet sind. Wir nehmen nur deshalb an, dass am Ende des Tunnels ausschließlich Licht und Liebe auf uns warten, weil noch niemand diesen Weg weitergegangen und zu uns zurückgekehrt ist.

Der Buddha soll gesagt haben, dass wir einander alle schon Mutter, Vater, Sohn und Tochter gewesen sind. Das ist nicht unbedingt wörtlich zu nehmen, aber aufgrund der Einheit des Bewusstseins (die Einheit allen Lebens, der kosmische Ozean oder der nicht-lokale Geist) sind wir tatsächlich all diese Menschen gewesen – und noch viele, viele andere. Als körperliche Wesen und Persönlichkeiten ohne ein Verständnis für das Leben nach dem Tod, grenzen wir uns selbst ständig ein, und aufgrund dieser Einschränkung können wir mit der Idee jedermanns „Mutter" gewesen zu sein, nicht viel anfangen. Aber wenn wir diese Aussage aus der Sicht des reinen Bewusstseins betrachten, kann es gar nicht anders sein.

Oft scheint es mir, als ob wir alle bei unserer Geburt ein Gelübde abgelegt und versprochen hätten, uns an nichts zu erinnern. Würden wir uns an etwas erinnern, würde das Ganze überhaupt keinen Sinn machen, da wir allen anderen gegenüber Insiderwissen besäßen und damit einen unfairen Vorteil hätten. Stattdessen erwachen wir Schritt für Schritt – möglicherweise sogar kollektiv. Da auf diese Weise unsere Bewusstheit und unser Verantwortungsgefühl wächst, werden wir auch unsere Mitgeschöpfe auf diesem Planeten weniger schlecht behandeln. Unglücklicherweise gibt es dafür aber keine Garantien – schließlich haben wir den freien Willen.

Einige Anmerkungen zum Channeling

Da bereits unzählige Berichte über außerkörperliche Erfahrungen veröffentlicht worden sind, möchte ich an dieser Stelle nicht versuchen, deren Wahrheitsgehalt zu beweisen, sondern das Phänomen auf eine andere Art und Weise erklären.

„Channeling" scheint zu einem beliebten Gesellschaftsspiel für Suchende geworden zu sein, das heißt für Menschen, die glauben, dass es etwas zu suchen gibt und dass die Antworten irgendwo dort „draußen" zu finden sind. Tatsächlich kann geistige Führung gefunden werden, denn schließlich steht uns allen die Wahrheit jederzeit zur Verfügung und ist schon immer von denen gefunden worden, die wussten, wo sie nach ihr zu suchen hatten. Dennoch herrscht in diesem Bereich große Verwirrung. Wir sind keine Inseln, keine isolierten, voneinander getrennten Individuen, mit denen sich das Universum lediglich einen schlechten Scherz erlaubt hat. Je näher wir der Wahrheit kommen, desto weniger bedrohlich wird sie selbst für diejenigen, die sich bisher so sehr an ihre gewohnte Identität geklammert haben. Wir alle sind Teile eines großen Puzzles oder Hologramms. Je weniger Angst wir mit uns herumtragen, desto leichter wird es uns fallen, einen höheren Energie- oder Schwingungszustand aufrechtzuerhalten. Je höher die Schwingung, desto weniger Angst kann sich in unseren Energiefeldern festsetzen. Je weniger Furcht, desto mehr Liebe – das ist kurz gesagt das Geheimnis. Liebe ist das Zauberwort, das allmächtige Mantra, das, sobald es einmal angestimmt wird, die Dämonen der Gier, Angst und Unwissenheit für immer verbannen wird. (Hier geht es nicht um die leidenschaftliche Liebe, nicht um Lust, Abhängigkeit, auch nicht um „Seelenpartnerschaft", sondern ausschließlich um bedingungslose, nicht urteilende Liebe.)

Angesichts der rasant zunehmenden Verbreitung des Channeling stellt sich für mich die interessante Frage nach der Herkunft der empfangenen Informationen. Stuart Wilde brachte es einmal so auf den Punkt: „Wenn du dumm wie Bohnenstroh bist, so lange du lebst, wirst du auch dumm wie Bohnenstroh sein, wenn du tot bist." Wir müssen lernen, die Quelle der empfangenen Informationen zu identifizieren und dabei auf Qualität zu achten.

Schwingungen unterscheiden lernen

Wenn wir verstehen, dass Materie eigentlich Energie ist, die in verschiedenen Frequenzbereichen schwingt, und diese

Einsicht mit der Vortextheorie kombinieren, der zufolge wir nur das sehen können, was mit einer unserer eigenen Schwingungsrate gleichen oder niedrigeren Frequenz schwingt, sehen wir uns der Tatsache gegenüber, dass Energiefelder, die eine höhere Frequenz haben, uns zwar sehen können, dass wir – die eine niedrigere Frequenz haben – diese aber nicht sehen können. Aufgrund eigener Erfahrungen ist mir dies vollkommen klar geworden. Noch vor wenigen Jahren hätte ich denen zugestimmt, die diese Idee einfach schon deshalb für verrückt halten, weil sie es selbst noch nicht erfahren haben.

Zur Zeit findet eine rasante Zunahme von Bewusstheit verbunden mit einer größeren Sensibilität statt, da immer mehr Menschen bereit sind, sich Aspekten ihrer selbst zu öffnen, deren Existenz sie bisher geleugnet hatten. Je mehr wir uns auf höhere Energiemuster einstimmen und unsere Frequenz kollektiv anheben, desto mehr wird sich die Lücke zwischen den sichtbaren physischen Energieformen und den metaphysischen oder spirituellen Energien schließen. Unsere größer werdende Sensibilität ermöglicht uns eine stärkere Bewusstheit all dessen, was „jenseits" liegt. Immer mehr Berichte von Nahtoderfahrungen stützen die Idee, das irgendetwas (wir wissen nicht genau, was) nach dem Tod weiter lebt. Aber diese Bewusstheit bringt auch Probleme mit sich, die alle mit dem persönlichen Bewusstsein der betreffenden Person zu tun haben. Zudem gibt es unzählige Wesenheiten, die bei diesem Trip dabei sein möchten. Geister und Bewusstseinsformen, die noch unerfüllte physische Wünsche haben, streben nämlich danach, ihre Ansichten durch ein aktives Ego kundzutun – und zwar ganz unabhängig davon, ob sie wirklich nützliche Informationen zu verbreiten haben oder nicht.

Die Einstimmung auf höhere Energien

Das Einstimmen auf höhere Energien lässt sich mit der Sendersuche eines Radios vergleichen. Ein Kind, das ein Radio einschaltet, sucht wahllos alle Sendefrequenzen ab und empfängt dabei die verschiedensten Sender. Weil das Kind nicht gelernt hat, zwischen der Qualität der einzelnen Sender zu unterscheiden, hört es zunächst einfach wahllos allem zu, was gespielt wird. Dann fühlt es sich vielleicht von der Musik eines bestimmten Senders angezogen. Es weiß aber weder, woher die Musik kommt, wie sie zusammen mit all dem anderen Krach in das Radio gekommen ist, oder wer das Lied singt. So funktioniert im Grunde auch Channeling. Indem das Medium das gesamte Spektrum absucht und sich einer bestimmten Frequenz öffnet, empfängt es Informationen aus dem kosmischen Ozean.

Aber nur weil sich jemand gegenüber höheren Frequenzen öffnet, heißt das nicht, dass die empfangenen Informationen auch Weisheit besitzen und aus einer verlässlichen Quelle stammen. Auch hier müssen wir wieder die Vortextheorie bemühen, der zufolge Energien einer bestimmten Schwingung nur diejenigen Energien sehen können, die eine gleiche oder niedrigere Schwingungsfrequenz aufweisen. Nur weil eine Energieform, in diesem Fall als Information, aus dem „Jenseits" stammt, heißt das noch lange nicht, dass sie auch zuverlässig ist. Zwar haben die höheren Energieformen ihre Drehgeschwindigkeit erhöht, aber sie machen keinen Quantensprung aus unserer Realität heraus und finden sich plötzlich in einem gänzlich anderen Energiemuster wieder. Stattdessen geht dieser Vorgang schrittweise vor sich. Zwischen Schwarz und Weiß liegen unzählige Grautöne. Je höher man auf dieser

Stufenleiter emporsteigt, desto klarer und verlässlicher werden dann auch die empfangenen Informationen.

Um sich überhaupt auf höhere Frequenzen einstimmen zu können, muss man zunächst einmal die richtige Ausrüstung dafür haben. Das Problem besteht nicht darin, dass wir diese Ausrüstung (unser Nervensystem) nicht haben, sondern dass es schwierig ist, das Nervensystem dermaßen fein zu adjustieren. Würde man einen Fernseher an eine Stromquelle anschließen, die 2000 Volt hat, würde er einfach explodieren. Auch wenn man zuviel Energie durch ein menschliches Nervensystem schickt, wird es zusammenbrechen oder einfach nicht funktionieren, da der Selbsterhaltungstrieb einen daran hindern würde, sich auf höhere Frequenzen einzustimmen, mit denen man überhaupt nicht umgehen kann. Der buddhistischen Lehre zufolge sind es unser Karma und unsere Schleier, die uns daran hindern, uns auf höhere Frequenzen einzustimmen. Je weiter wir uns also entwickeln, desto weniger sind wir demzufolge an unsere Körperlichkeit gebunden.

Die Fähigkeit, sich auf höhere Frequenzen einzustimmen, hat aber überhaupt nichts mit Intelligenz zu tun. Diese stellt eher ein Hindernis dar, da einem die Aktivitäten der linken (rationalen) Gehirnhälfte immer wieder in die Quere kommen. Man sollte sich darüber im Klaren sein, dass ein Medium sich möglicherweise auf einen Egomanen eingestimmt hat, der mit seinen übermittelten Informationen nur den Zweck verfolgt, andere zu verwirren und seine eigenen Bedürfnisse zu befriedigen. Man sollte aber auch wissen, dass ein Medium Informationen immer auf dem Niveau übermittelt, das seinem eigenen Verständnis dessen entspricht, was und wer es ist. Eine niedrigere

Energieform kann daher nicht durch ein hochentwickeltes Medium kommunizieren.

„Sie" sehen uns

Der faszinierende Gedanke, dass wir beobachtet werden können, ohne selbst etwas zu sehen, erklärt einige Phänomene der geistigen Welt.

Als ich in einem Haus in Canberra arbeitete, sah ich zum ersten Mal einen dieser „Beobachter". Ich war gerufen worden, um ein besonders störendes Energiemuster im Haus zu untersuchen. Die Besitzer fühlten sich in ihrem Haus nicht wohl, ohne aber zu wissen, warum. Als wir im Esszimmer saßen – wobei wir den Flur zu den Schlafzimmern im Auge hatten –, sah ich eine schwarze Gestalt aus der Waschküche stürzen und mit Affengeschwindigkeit den Flur hinunter zu einem der Schlafzimmer laufen. „Was war denn das?" fragte ich. Die Besitzerin erwiderte: „Haben Sie das etwa auch gesehen? Du meine Güte, ich dachte schon, ich wäre verrückt geworden!" Der Beobachter war also von uns beobachtet worden! Für Sensitive mag dies ein ganz normaler Vorfall sein, aber für Menschen, deren „Sicht" sich noch innerhalb des „normalen" Spektrums befindet, ist dies wahrlich ein außergewöhnliches Ereignis. Die dunkle Gestalt, die von der Besitzerin schon vorher gesehen worden war, ähnelte mehr der Abwesenheit von Licht als einem Schatten.

Ich rannte hinterher und konnte kurz mit ihr in Kontakt treten. Manche dieser Energieformen sind äußerst scheu. Wenn ich mit dem Pendel arbeite und mein Bewusstsein auf Energiefelder konzentriere, die sich nicht in Harmonie mit der Umgebung befinden, scheine ich eine leuchtende Energie auszustrahlen. Meiner Erfahrung nach sind Schatten, Geister, Wesenheiten – welche Namen wir diesen Energiemustern, die sich rationalen Erklärungsversuchen entziehen, auch immer geben mögen – aufgrund ihrer uneingestandenen oder unausgedrückten Ängste und Bedürfnisse in einer Welt gefangen, die sich zwischen voller körperlicher Manifestation und dem astralen Bereich (Bardo) befindet. Angstenergie hat, wie ich bereits erklärte, eine niedrige Schwingung, die andere Energiemuster stört. Ein derartiges Geistwesen wird aufgrund der Angst, die es im Leben oder im Augenblick des Todes erlebt hat, versuchen, sich vor einer Lichtquelle zu verstecken.

Wenn man mit den verschiedenen Energiefeldern arbeitet und dabei nach störenden Frequenzen sucht, lässt sich Angst leicht erkennen. Das Energiemuster im diesem Haus in Canberra basierte mit Sicherheit auf Angst. Es war sehr beweglich, auch wenn sich seine Bewegungsfreiheit auf das Haus beschränkte. Manche (aber beileibe nicht alle) dieser Energiemuster sind frei beweglich, aber andere scheinen an einen bestimmten Ort gebunden zu sein, zum Beispiel an ein Haus, einen Garten oder an ein bestimmtes Gebiet in der freien Natur, aber auch an ein Möbelstück oder einen Gebrauchsgegenstand.

Wie man das Energieniveau verrändert

Die Stärke der Gefühle bestimmt, wie dicht das Energiefeld derartiger Wesenheiten ist. Je stärker das Gefühl, desto größer ist auch die Bindung an irgendeinen Aspekt der dreidimensionalen Realität, und desto mehr ähnelt die

Manifestation der Energie einem „Geist". Je niedriger dessen Frequenz ist, desto eher können wir ihn sehen. Ist die Frequenz höher, können wir ihn zwar nicht mehr sehen, aber das Energiemuster immer noch „fühlen". Ist die Frequenz noch höher, wird das Muster für uns zu subtil, um es noch wahrnehmen zu können.

In dem eben beschriebenen Haus in Canberra näherte ich mich diesem Energiemuster in der Erkenntnis, dass alles nur Energie ist, die im kosmischen Ozean schwimmt, in dem es weder einen Anfang noch ein Ende für irgendetwas oder irgendjemand gibt, und dass es möglich ist, mit allen Energiemustern zu kommunizieren, ganz gleich, ob diese nun einen physischen Körper haben oder nicht. Die Energie im Haus enthielt ein Element der Angst, das die Verbindung zur physischen Welt aufrechterhalten wollte. Da deren Frequenz so niedrig war, dass sie keine höhere Energie aufnehmen konnte, versuchte sie jeden Kontakt mit meiner Energie zu vermeiden.

Ich sprach mit meiner Klientin gerade im Esszimmer darüber, als sich der Schatten plötzlich ziemlich schnell an mir vorbeibewegte. Ich spürte nur einen eiskalten Lufthauch, aber meine Klientin sah die Gestalt ganz deutlich vor sich und bekam es mit der Angst zu tun. Zum Glück kamen gerade Freunde vorbei, die sich um sie kümmern konnten. Das Energiemuster verkroch sich in einer Ecke des Wohnzimmers, wo es mir mühelos gelang, mit ihm Kontakt aufzunehmen. Damals hätte ich den daraufhin folgenden Prozess des Klärens als Aussenden von Licht und Übertragung von heilenden, liebevollen Gedanken beschrieben. Heute hingegen mache ich nur noch sehr wenig, und verweile einfach im Sein, statt etwas Bestimmtes zu tun. Da ich die störende Energie einfach ohne Angst oder Urteile annehmen kann (Das ist der wichtigste Teil!), wird die Frequenz des gestörten Energiemusters erhöht.

Der Vorgang ähnelt ein wenig dem Erhitzen von Wasser. Wenn dem Wasser Energie in Form von Hitze hinzugefügt wird, verändert es seinen Aggregatzustand. Diese zugeführte Energie erregt die Wassermoleküle so sehr, dass sie sich voneinander lösen und in gasförmiger Form aufsteigen können. Wird dem Wasser die Energie (Hitze) wieder entzogen, kühlt es sich ab. Die Molekulargeschwindigkeit verlangsamt sich, während sich das Wasser abkühlt, bis der Abstand zwischen den Molekülen so klein geworden ist, dass das Wasser zu Eis wird.

Nicht viel anders verhält es sich auch mit gestörten Frequenzen. Wenn man ihnen Energie hinzufügt, verändert sich automatisch ihr Aggregatzustand. So lange sie von Furcht bestimmt werden, werden sie versuchen zu verhindern, dass sie höheren Frequenzen ausgesetzt werden, aber früher oder später verändert sich das Gleichgewicht und sie werden „leichter". Je leichter sie werden, desto weniger herrscht die Schwingung der Angst vor, und desto mehr Licht entsteht. Schon bald darauf verwandelt sich das ganze Muster in einen höheren Zustand und stört das dreidimensionale Leben nicht mehr.

Kälte als Anzeichen einer Störung

Als ich bei anderer Gelegenheit in einem Haus in Melbourne einem Energiefluss nachspürte, wurde ich plötzlich nach oben geführt. Es war Abend und das Paar, dem das Haus gehörte, blieb unten. Als ich den oberen Flur entlang ging, spürte ich, dass ich in ein sehr kaltes Energiefeld eintrat. Meine Haut fing an zu kribbeln und ich bekam eine Gänsehaut. Dies waren sichere Anzeichen dafür, dass ich mich dem Zentrum der Störung näherte. Ohne Vorwarnung schwang meine Rute plötzlich nach links aus und zog mich in das Badezimmer. Ich hatte das Gefühl, einen großen Kühlschrank betreten zu haben, so kalt und voller Angst war die Energie, die sich im Dunkeln versteckte. Ich nahm nur kurz Kontakt mit diesen Energiemuster auf, dann kehrte ich ins Erdgeschoss zurück, um meinen Klienten mitzuteilen, was ich herausgefunden hatte.

Die Besitzer erzählten mir daraufhin, dass sie jedes Mal, wenn sie am Badezimmer vorbeikamen (besonders nachts), ein Frösteln verspürt hatten, und bestätigten auf diese Weise das Vorhandensein eines störenden Energiemusters. Einige Augenblicke später spürte ich, wie meine linke Seite von einer Energie durchdrungen wurde, so dass ich wieder zu frösteln anfing. Die Wesenheit war nach unten gekommen! Ich fand heraus, dass sie hinter mir zu meiner Linken in der Zimmerecke stand. Fast schien es, als ob sie es satt gehabt hatte, oben auf mich zu warten. Mein erster Kontakt hatte die Frequenz dieser Wesenheit bereits so weit erhöht, dass sie ihre Angst überwinden und in einen höheren Zustand eintreten konnte. Je stärker die Energie wurde, desto größer wurde der Wunsch der Wesenheit noch mehr von dieser höheren Frequenz zu bekommen. Sie war mir gefolgt, weil sie sich nicht die Gelegenheit entgehen lassen wollte, aus dem Gefängnis befreit zu werden, das sie sich in ihrer Angst selbst gebaut hatte. Als sich die Waagschale langsam von der Angst wegbewegte, war immer weniger Energie nötig, um diesen Prozess aufrechtzuerhalten. Das Gleichgewicht

– oder höhere Schwingungsfrequenz – war schon bald erreicht, da sich das Energiefeld der Wesenheit so weit verändert hatte, dass es von sich aus höhere Frequenzen aufnehmen konnte.

Dies ist durchaus kein Einzelfall, denn es gibt viele ähnliche Geschichten. Die beste Möglichkeit, den Wahrheitsgehalt meiner Erzählung zu überprüfen, besteht darin, es selbst einmal zu versuchen. Glauben Sie nichts, was ich sage, nur weil es hier steht. Spielen Sie ein wenig damit. Wenn es sich für Sie gut und richtig anfühlt, finden Sie selbst heraus, ob es funktioniert oder nicht. Da ich eine lange Zeit gebraucht habe, um zu diesen Schlussfolgerungen zu kommen, würde es mich nicht überraschen, wenn auch Sie eine Weile brauchen, um die Wahrheit herauszufinden. Aber vielleicht verstehen Sie dieses Prinzip in einem Blitz der Erkenntnis auch augenblicklich!

Es gibt überall viele Fälle von deutlich spürbaren Energiemustern in Wohn- und Geschäftshäusern. Aber es gibt auch andere Muster, die nicht spürbar sind und uns und unsere Umwelt dennoch belasten. Sie sind ein Teil des Schleiers, der uns bedeckt und uns vom großen Licht abschneidet, so dass wir weiterhin im Zustand der Angst leben. Wenn wir unsere Unwissenheit hinsichtlich dieser Energiemuster hinter uns lassen und verstehen, was sie wirklich sind, werden wir erkennen, dass es unsere eigene, ständig vorhandene Angst ist, die uns letzten Endes umbringt, und nicht die Angst vor einer dieser Wesenheiten. Wir alle besitzen die Macht, unsere Ängste in höhere Frequenzen umzuwandeln. Energiemuster, die an die dreidimensionale Realität gebunden sind, ohne einen funktionierenden physischen, mentalen, emotionalen und spirituellen Körper zu haben, können sich nicht selbst erlösen. Sie brauchen jemanden, der ohne Angst ist und nicht urteilt, um ihnen auf ihrem Weg zu helfen.

Die Macht von Gedanken, Worten und Taten

Wenn wir in Angst leben, ziehen wir nach dem Gesetz der Anziehung genau das an, wovor wir uns fürchten. Je stärker wir uns also fürchten, desto stärker wird die Manifestation der Angst sein, mit der wir uns dann auseinandersetzen müssen. Wenn wir bedingungslos lieben, ziehen wir bedingungslose Liebe an, was natürlich wesentlich angenehmer ist. Würden wir alle in einem Zustand bedingungsloser Liebe leben, wäre dieses Buch und viele Hundert andere überflüssig, die uns den Weg zurück zur Liebe zeigen wollen.

Vor einigen Jahren bekam ich einen Anruf von einer jungen Frau, die auf dem Land lebte. Sie hatte bereits seit einiger Zeit jedes Mal, wenn sie auf die Veranda hinaustrat, das dringende Verlangen, ihr Baby über das Geländer zu werfen. Da das Gefühl immer stärker wurde, bekam sie es immer mehr mit der Angst zu tun. Aber es war genau ihre Angst, die diesem Energiemuster noch mehr Nahrung gab. Als sie mich anrief, war die Situation fast schon außer Kontrolle geraten. Am Tag des Anrufs war ihr eine störende Energie ins Haus gefolgt und hatte das ganze Zimmer mit Angst erfüllt. Sie geriet in Panik, schrie vor Schrecken und brach zusammen.

Es war eine wirklich schwierige Phase für die junge Mutter. Je mehr sie sich in die Angst hineinsteigerte, desto schwerer war es, sie aus deren Griff zu befreien. Mit meiner Hilfe konnte sie aber schließlich die Angst hinter sich lassen und zu einem glücklichen Leben zurückkehren. Hätte sie bereits um Hilfe gebeten, als sich die Angst noch in der Anfangsphase befunden hatte, wäre es wesentlich einfacher und weniger schmerzhaft gewesen, sie loszulassen. Wenn wir uns auf die Dunkelheit konzentrieren, vergessen wir ziemlich schnell, was Licht eigentlich ist. Wenn wir der Dunkelheit in welcher Form auch immer Macht geben, verstärken wir ein negatives Gefühl so lange, bis es sich physisch manifestieren wird. Machen wir dies eine Zeitlang, werden wir uns mit unseren Gefühlen auf äußerst traumatische Weise auseinandersetzen müssen. Indem wir uns der Macht von Gedanken, Worten und Taten gewahr werden, ermächtigen wir uns selbst, unsere Wirklichkeit bewusst zu erschaffen. Dann haben wir die Wahl, ob wir der Angst noch mehr Energie zuführen wollen, oder ob wir unsere Gedanken auf die Liebe richten. (Natürlich möglichst auf die bedingungslose Liebe, aber irgendwo muss man ja schließlich anfangen.)

Die Überwindung der Angst

Ein großes Problem für viele Menschen scheint heute zu sein, dass es ihnen immer an irgendetwas mangelt. Ihnen fehlt die Freiheit, das Geld, die Sicherheit oder was auch immer. Aber letzten Endes läuft es alles auf dasselbe hinaus – wenn man einmal die austauschbaren Etiketten entfernt. Es gibt Hunderte von Büchern über Überfluss und Reichtum, die erklären, wie man mehr von dem oder dem in sein Leben bringt. Wenn die Autoren wirklich das Geheimnis kennen würden und es tatsächlich so einfach wäre, bräuchten wir dann all diese vielen Bücher? Ich kenne eifrige Leser, die beinahe alles über „die Manifestierung von Überfluss" gelesen haben und immer noch neue Bücher zum Thema kaufen. Für mich ist Überfluss das, was ich jetzt in diesem Augenblick habe. Meine Grundbedürfnisse sind befriedigt, ich kann die Rechnungen zahlen, ich habe liebevolle Freunde und ein Leben, in dessen Mittelpunkt das steht, was ich am liebsten tue: Lehren, Schreiben und Harmonie in die Umwelt bringen. Natürlich ist die Liste der Dinge, die ich gerne hätte, endlos, aber würde ich irgendwann wirklich befriedigt sein? Je stärker wir uns klar machen, dass wir jetzt schon im Überfluss leben, desto mehr werden wir tatsächlich im Überfluss leben.

Ein Grundelement fast aller menschlicher Erfahrungen – selbst der Liebe – ist Angst. Viele Menschen lieben nur, weil sie Angst vor dem Alleinsein haben. Aber so lange wir Angst haben, haben wir keine oder nur eine sehr geringe Chance, jemals das Bewusstsein der allumfassenden Einheit zu erlangen.

Nelson Mandela hat folgendes gesagt: „Unsere größte Angst ist nicht, dass wir unzulänglich sind. Unsere größte Angst ist, dass wir über alle Maßen mächtig sind. Was uns am meisten ängstigt, ist unser Licht, nicht unsere Dunkelheit. Wir fragen uns: Wer bin ich denn schon, um brillant, schön, talentiert und wunderbar zu sein? Aber wer sind Sie denn, dass Sie es nicht zu sein wagen? Es hilft der Welt nicht, wenn Sie sich klein machen. Es ist nichts Erleuchtetes daran, sich kleiner zu machen, nur damit sich andere Menschen in ihrer Gegenwart sicherer fühlen. Wir wurden geboren, um die Macht und die Herrlichkeit, die in uns leben, auszudrücken. Und sie leben nicht nur in einigen von uns, sondern in uns allen. Wenn wir unser Licht erstrahlen lassen, dann geben wir unbewusst auch anderen Menschen die Erlaubnis, dasselbe zu tun. Wenn wir uns von unserer eigenen Angst befreit haben, befreit unsere Präsenz automatisch andere."

Seit vielen Jahren ist es mein größter Wunsch gewesen, die Macht und die Herrlichkeit, die in mir leben, auszudrücken, indem ich mich von meiner Angst befreie, damit ich anderen Menschen helfen kann, sich ebenfalls von ihren Ängsten zu befreien. Alles andere wie Reichtum oder Macht ist unwichtig, denn diese Dinge kommen und gehen wie alles andere auch. Wenn der Funke des Lebens den Körper verlässt, müssen wir ohnehin alles zurücklassen. Wir müssen verstehen, dass alles Energie ist – Atome und Bäume ebenso wie Planeten und Gedanken. Diese Energie manifestiert sich in unterschiedlichen Frequenzen, die wir kontrollieren können, um das Strahlen unseres inneren Lichts in die Welt hinauszusenden.

Wenn wir nicht die Decke liften, unter die wir unsere Köpfe gesteckt haben, verpassen wir die Gelegenheit, die uns jeder Augenblick bietet, um über die durch unsere Angst gesetzten Grenzen hinauszuwachsen. Wie Nelson Mandela sagte: „Wenn wir uns von unserer eigenen Angst befreit haben, befreit unsere Präsenz automatisch andere." Viele Menschen hoffen, dass sie in ihrem Kampf gegen die Dunkelheit nicht allein sind. Aber so zu denken, bedeutet immer noch, in der Trennung gefangen zu sein, denn in Wirklichkeit kämpfen wir nicht und Dunkelheit, die gibt es auch nicht. Aber Verwirrung und Sucht nach der Illusion, die bestehen weiterhin.

Indem wir das Leben als Energie in verschiedenen Zuständen verstehen, nämlich manifestierte (in unserer dreidimensionalen Welt) und nicht-manifestierte (formlose)

Energie, wird uns eine einzigartige Sichtweise gegeben und eine größere Fähigkeit, über unsere Begrenzungen hinauszuwachsen und zu den göttlichen Wesen zu werden, die wir in Wirklichkeit sind. Um es anders auszudrücken: Eigentlich sind wir bereits göttliche Wesen und brauchen nicht erst dazu zu werden. Wir müssen nur die vielen Schichten aus Angst und Verwirrung ablegen und uns unseres wahren Wesens bewusst werden. Energie ist etwas Erfassbares, etwas, mit dem wir umgehen, das wir verstehen und beobachten können, nichts, vor dem wir Angst haben müssten.

Der „Sinn des Lebens" in welcher Form und wo immer er auch enthüllt wurde, war bisher entweder zu mysteriös oder zu einfach dargestellt. Wir neigen leider dazu, das Mysteriöse entziffern zu wollen und das Einfache zu komplizieren. Was sind wir doch für merkwürdige und interessante Wesen! Ich hoffe, dass wir es, wenn wir das Leben in energetischen Begriffen betrachten, vermeiden können, ins Mysteriöse abzugleiten, und dass die Erklärung so einfach ist, dass sie nicht verkompliziert werden kann. Manche Menschen werden sagen: „So einfach kann es gar nicht sein!" Aber es ist tatsächlich so einfach. Ein Kind, das versucht, eine verschlossene Tür zu öffnen, kann dies nicht ohne Schlüssel. Aber mit dem Schlüssel – und mit etwas Hilfe – öffnet sich die Tür fast wie von selbst.

Und dies ist der Schlüssel: Wir sind integrale Bestandteile eines größeren Gebildes, das wir durch jeden unserer Gedanken, jedes unserer Worte und jede unserer Taten beeinflussen. Und das Ganze wirkt seinerseits auf uns, sei es durch die Gedanken, Worte und Taten anderer Menschen, durch das Tier-, Pflanzen- oder Mineralreich oder durch die metaphysischen Energiemuster höherer Frequenzen.

9

Die Energie des Todes

Der Sterbeprozess

Wie wir sterben, bestimmt, was nach dem Tod des Körpers mit dem Bewusstsein geschieht. Da sich die Tibeter dieser Zusammenhänge seit Jahrhunderten bewusst sind, haben sie besondere Zeremonien entwickelt, die den Toten anleiten und ihm helfen sollen, die Bindung an das Leben, das heißt an die dreidimensionale Realität, aufzugeben. Wenn wir während des Sterbens Angst, Schmerz, Wut oder Verlangen empfinden oder eine sehr starke Vorstellung vom Himmel oder der Hölle haben, werden unsere Gedanken und Wünsche aufgrund der ihnen innewohnenden schöpferischen Macht und der Anziehungskraft ähnlicher Frequenzen unsere Zukunft nach dem Tod erschaffen. Dieses Konzept von Ursache und Wirkung ist beileibe kein spiritueller Hokuspokus, sondern beruht auf einer einfachen Energiegleichung. Wir sammeln Erfahrungen auf dieselbe Weise an, wie ein den Berg hinunterrollender Schneeball

Schnee aufnimmt. Aber bestimmte Erfahrungen beeinflussen uns stärker als andere und werden in das integriert, für das wir uns halten.

Selbstmord

Wer schon einmal einen Selbstmord ausgependelt hat, weiß, wie aufschlussreich dies sein kann. Um aber dazu fähig zu sein, müssen wir unbedingt offen und sehr sensibel sein und bedingungslos auf unsere Intuition hören. Wer zu logisch und intellektuell an diese Frage herangeht, wird nichts wahrnehmen können. Ich möchte im Folgenden drei Beispiele anführen, das jedes auf seine Art zeigt, was nach dem Tod des Körpers mit dem Bewusstsein – der Seele – geschieht.

Schauplatz des ersten Beispiels war eine alte Postkutschenstation auf der Strecke von Adelaide nach Strathalbyn, die schon lange von Schafen und Pferden erobert worden war. Auf der einen Seite des Hofes lag das Haus, auf der anderen die Ställe und anderen Nebengebäude. Die Besitzerin des Anwesens, eine junge religiöse Frau, fühlte sich sowohl im Haus als auch auf dem Hof unwohl – besonders abends, wenn sie die Pferde gefüttert und die Hunde für die Nacht eingesperrt hatte. Sie hatte das Gefühl, dass ihr jemand folgte. Dies ging nun schon einige Jahre lang vor sich, wobei das Gefühl manchmal stärker und manchmal schwächer war. Häufig hatte sie in die Nacht hinausgebrüllt: „Verschwinde! Lass mich zufrieden!" Das erzählte sie mir allerdings erst, als ich bereits eine Weile gearbeitet hatte – vermutlich weil sie sich ihres Verhaltens schämte. Als ich das Anwesen überprüfte, stieß ich auf ein kompliziertes Muster, das sich kreuz und quer über den Hof zog, aber nirgendwo das Haus berührte. Die Energie schlängelte sich scheinbar völlig willkürlich über den Hof.

Beim Dowsing frage ich meistens nach der Richtung des Energieflusses, aber dieses Mal folgte ich einfach nur dem Muster, ohne zunächst nach seinem Ausgangspunkt zu fragen. Dann wurde mir aber doch klar, dass ich den Ursprung finden musste, wenn ich herausfinden wollte, was hier vor sich ging. Ich formulierte meine Frage anders und bat darum, dass man mir zeigte, woher die Energie kam und wo sie hin wollte. Ich folgte dem immer noch schlängelnden Muster zu einem kleinen Nebengebäude am Ende der Stallungen. Als ich die Tür öffnete, sah ich vor meinem geistigen Auge das Bild eines jungen Burschen, vielleicht 18 oder 19 Jahre alt, der von einem der Balken herabhing. Wie ich durch weitere Fragen herausfand, hatte sich der junge Mann vor 145 Jahren aus irgendeinem Grund das Leben genommen. Seither war er darauf beschränkt gewesen, einsam und allein im Hof umherzugeistern und um Hilfe zu rufen (in letzter Zeit meine Klientin). Natürlich verstand sie nicht, was vor sich ging, und bekam es mit der Angst zu tun. Sie spürte nur seine Präsenz und hatte keine Ahnung, was er durchmachte. Erinnern Sie sich, dass Energien mit einer bestimmten Drehgeschwindigkeit nur Energien gleicher oder niedrigerer Frequenz wahrnehmen können? Der junge Mann konnte also meine Klientin und natürlich auch mich sehen, aber wir konnten ihn nicht sehen. Da seine Energie nicht länger an einen Körper und damit an ein „festes" Energiemuster gebunden war, schwang er mit einer höheren Geschwindigkeit und war damit für uns unsichtbar.

Als ich mich auf diese Energie einstimmte, fühlte ich die Trauer und Verzweiflung all der Jahre, in denen er zwar sehen, aber nicht gesehen werden konnte – eine Erfahrung, die für jeden, der sich in einer solchen Situation befindet, einfach schrecklich sein muss. Selbstmord ist auf jeden Fall nicht die Lösung für die Probleme des Lebens. Wir wissen, dass das Leben nach dem Tod weiter geht. Wer sein eigenes Leben nimmt, verschlimmert seine Probleme nur noch. Ein Selbstmörder, der glaubt, dass der Tod das Ende und der Ausweg aus den Schrecken des Lebens ist, wird voller Entsetzen feststellen müssen, dass der Tod keineswegs das Ende ist. Die Probleme werden weiterhin bestehen, weil das Bewusstsein immer noch das Drama weiter ausspielt, in dem es vor dem Tod gefangen war. Nach dem Tod ist die Situation für den Selbstmörder sogar noch schlimmer, da nun niemand da ist, der zuhören und helfen kann – niemand, mit dem er seine Last teilen kann.

Mit Hilfe einer Technik, die der ähnelt, mit der ich Energiemuster auflöse, die an einen bestimmten Ort gebunden sind, schickte ich heilende Energie in das Bewusstsein des jungen Mannes. Nach einigen Augenblicken spürte eine Freundin, die in der Nähe stand, wie sie von einem kalten Hauch eingehüllt wurde, dem unmittelbar darauf ein Energiestoß folgte, der durch ihren Körper fuhr. Das Phänomen ließ kurz darauf nach und alles wurde wieder normal. Wie ich durchs Dowsing herausfand, war die Energie freigesetzt worden. Als ich ins Haus ging, um mich zu waschen, spürte ich ein überwältigendes Gefühl der Dankbarkeit. Mir traten Tränen in die Augen, als ich spürte, wie der junge Mann mir von Herzen für meine Hilfe dankte. Seine Energie wurde immer leichter, bis er endlich seine Reise fortsetzen konnte – wohin diese auch immer führen würde. Meine Freundin, die die Kälte und den Energiestoß gespürt hatte, meinte, dass der Junge ihre Energie sozusagen als Sprungbrett genutzt hatte, um aus den Beschränkungen auszubrechen, denen er bisher unterworfen war.

Eine ähnliche „Befreiung" war einige Jahre vorher geschehen, als ich gerufen wurde, um die Selbstmordenergie in einem Motel in Queensland aufzulösen. Zuerst war ich überrascht, dass ich keine Spur der Energie des Selbstmörders im Zimmer entdecken konnte, da es durchaus normal ist, dass diese in der unmittelbaren Umgebung des Sterbeortes zurückbleibt. Ich wurde gebeten, mich um die traumatisierten Mitarbeiter zu kümmern, die den Körper entdeckt hatten. Ich fand heraus, dass die Frau, die die Tür geöffnet hatte, die von innen noch mit der Kette gesichert war, gespürt hatte, wie sie zuerst von einer Kältewelle und dann von einem Energiestoß erfasst wurde. Als ich ihr erklärte, was geschehen war, fragte sie besorgt, ob denn die Energie des Toten in ihrem Energiefeld verblieben war – was häufig vorkommt. Wir entdeckten mit Hilfe des Pendels, dass die Energie sich sofort aufgelöst hatte, nachdem sie die Kältewelle gespürt hatte und dass sich in ihrem Energiefeld keine Spur der anderen Energie mehr befand. So erklärte sich auch, warum im Zimmer keine energetische Spur des Selbstmordes zurückgeblieben war.

Verloren im Nebel

In einem noch nicht lange zurückliegenden Fall, in dem ich Dowsing nur aus der Ferne einsetzen konnte, war ich gebeten worden, den Zustand einer jungen Frau zu überprüfen, die sich von einem Felsen vor der Einfahrt in den Hafen von Sydney gestürzt hatte. Die Frau war seit Donnerstag

Nacht verschwunden gewesen, man hatte den Körper am Samstag gefunden, und am Montag war ich hinzugezogen worden. Als ich mich auf ihr Bewusstsein einstimmte, nahm ich ein überwältigendes Gefühl von Trübheit, Kälte und Angst wahr. Mir kam es vor, als ob die junge Frau verloren und verwirrt durch einen kalten Nebel wanderte und Hilfe suchte, aber keine bekam. Die Tatsache, dass sie vor ihrem Selbstmord Medikamente genommen hatte, verschlimmerte ihre Verwirrung noch. Als ich endlich mit ihr Verbindung aufnehmen konnte, bewegte sich das Pendel aufgeregt hin und her, statt sich wie üblich in ruhigen Kreisen zu drehen. Ich hielt die Verbindung aufrecht, während das Pendel ein großes Ausmaß an Verwirrung und Leid anzeigte, das die Frau zur Zeit erlebte.

Mit Hilfe des nicht-lokalen Geistes und durch die Verbundenheit allen Lebens können wir andere Energiemuster befragen und unter Zuhilfenahme eines Pendels oder anderer Hilfsmittel mit ihnen kommunizieren. So gelang es mir, die Aufmerksamkeit dieses umherirrenden Bewusstseins zu erlangen, das einmal die junge Frau gewesen war, und sie durch meine Energie die entspannende Musik hören zu lassen, die gerade spielte. Nachdem sie sich auf die Musik konzentriert hatte, war es noch notwendig, ihr einen visuellen Anhaltspunkt zu geben, um sie aus dem Nebel zu führen, in dem sie sich verlaufen hatte. Da die Macht der Suggestion in der Zeit kurz nach dem Tod besonders wirksam ist, schlug ich ihr vor, sich auf ein strahlendes Licht zu konzentrieren. Nach der Tradition des tibetischen Buddhismus ist das Bewusstsein kurz nach dem Tod deshalb so empfänglich, weil es nicht mehr durch die physische Form und dessen Beschränkungen begrenzt wird. Das Bewusstsein, das eine bestimmte Person war, ist den Gedanken und Gefühlen naher Verwandter und enger Freunde gegenüber besonders aufgeschlossen.

In diesem Fall schienen sich allerdings weder Verwandte noch Freunde auf sie eingestimmt zu haben – vielleicht glaubte keiner von ihnen an ein Leben nach dem Tod. Aber da die Frau sehr empfänglich für meine Suggestionen war, konnte ich sie durch den Nebel zum Licht führen. Ich bat sie, sich nach einer ihr bekannten Gestalt umzusehen, in deren Nähe sie sich wohl fühlte. Sie versprach das zu tun, so dass ich mich langsam zurückziehen konnte. Da ich mir ihres Kummers bewusst war, bat ich darum, dass ihr auch weiterhin geholfen würde, obwohl ich mich nicht mehr bewusst auf die Energie der jungen Frau einstimmte. Als wir am nächsten Tag ihre Energie wieder überprüften, bewegte sich das Pendel sehr gleichmäßig, was ein deutlicher Hinweis darauf war, dass die Energie, mit der ich kommuniziert hatte, stabiler geworden war. Als ich fragte, ob noch weitere Hilfe nötig sei, erhielt ich ein klares „Nein" zur Antwort. Die Arbeit war abgeschlossen! So weit ich feststellen konnte, hatte die Energie dieser Frau ihre Verbindung zur physischen Welt aufgelöst und war über die begrenzten und verwirrenden Muster dieses Nachtodeszustandes hinausgegangen. Wäre nicht ich oder jemand anders mit einem ähnlichen Bewusstsein um Hilfe gebeten worden, wäre es gut möglich, dass das Bewusstsein der jungen Frau noch heute im Fegefeuer ihrer eigenen Angst und Verwirrung herumgeirrt wäre.

Angesichts der zunehmenden Besorgnis über die wachsende Zahl jugendlicher Selbstmörder, sind zahlreiche Organisationen gegründet worden, um sich dieses Problems anzunehmen. Ich glaube, wenn bekannt würde, dass das Bewusstsein nach dem Tod weiter lebt, würde die Selbstmordrate drastisch abnehmen. So lange Menschen aber glauben, dass der Tod der einzige Ausweg aus ihren Problemen ist, und so lange derartige Probleme im Steigen begriffen sind, wird Selbstmord eine Scheinalternative zu einem Leben des Schmerzes bleiben. Aber wenn mehr Menschen das Mysterium des Bewusstseins besser verstehen, werden auch Alternativen zum Selbstmord sichtbar werden. Ich glaube, dass viele von denen, die heute Organisationen gründen, um sich dieses Problems anzunehmen, keine Ahnung von den tatsächlichen Umständen des Todes haben. Vielleicht ist das Konzept, dass das Bewusstsein den Tod überdauert, zu abstrakt – zumal es dafür keine „wissenschaftlichen Beweise" gibt –, aber dieses wichtige Thema ist schon zu lange ignoriert worden – und um was für einen Preis!

Gewaltsame Todesfälle

Ein Selbstmord setzt so gewaltige Energien frei, dass ein Bewusstsein jahrelang in einer Art Niemandsland herumirren lassen kann. Aber dies ist nicht die einzige Art von Energie, die einen Verstorbenen in einem Zwischenzustand gefangen halten kann, da jeder gewaltsame Tod ebenso traumatisch ist. Allerdings gibt es einen entscheidenden Unterschied zwischen einem Selbstmord und einem plötzlichen gewaltsamen Tod. Der kann als Teil eines karmischen Musters gesehen werden, also als Teil des Schicksals eines Menschen. Auch Selbstmord kann zwar auf einer gewissen Ebene als Teil des Schicksals gesehen werden, aber wenn sich ein Mensch umbringt, weil er mit einem bestimmten

Problem nicht fertig wird, muss er sich diesem Problem früher oder später wieder stellen und es irgendwann auflösen, da es sonst wachsen und ihn wieder und immer wieder plagen wird.

Dazu fällt mir eine interessante Geschichte ein, die mir von einem befreundeten Therapeuten erzählt wurde, der Rückführungen in vergangene Leben macht. Eine Frau, die nicht mehr in der Lage war, mit einem bestimmten Erlebnis umzugehen, hatte ihn um Hilfe gebeten. In der Hypnose wurde entdeckt, dass sie bereits in zehn vergangenen Leben an einem solchen Punkt angekommen war und sich jedes Mal umgebracht hatte, so dass sie ihre Lektion nicht gelernt und die Situation nicht akzeptiert hatte und folglich nicht über ihr altes Muster hinausgewachsen war. Da sie nach der Sitzung über diese vergangenen Erfahrungen aufgeklärt wurde, war sie fortan besser gewappnet, mit dem Problem umzugehen und über es hinauszuwachsen. So konnte sie ein Muster auflösen, das schon viele Leben lang ihre Existenz bestimmt hatte.

Ein plötzlicher gewaltsamer Tod kann ein Anzeichen dafür sein, dass ein karmisches Muster erkannt und eine Lektion gelernt wurde, die nun nicht mehr wiederholt werden braucht. Aber ein Selbstmord erschafft eine gewaltige Spannung zwischen einem Menschen und seiner Lektion, so dass sich ihm diese in seinem nächsten Leben mit Sicherheit wieder stellen wird. Je mehr Spannung wir zwischen uns selbst und einem Problem erschaffen, das wir nicht erkennen, vor dem wir davonlaufen oder nicht richtig damit umgehen, desto größer wird es werden. Es ist immer leichter mit einem Problem umzugehen, so lange es sich noch im Anfangsstadium befindet.

Im Lauf unseres Lebens lernen wir unsere Lektionen durch unseren Körper, der eine Art Vehikel für Erfahrungen ist. Der menschliche Körper, der sich über Zehntausende von Jahren entwickelt hat, ist das „Werkzeug", ohne das wir diese Erfahrungen nicht machen könnten. Dieses Werkzeug besitzt bestimmte Fähigkeiten und eingebaute Erinnerungen, zum Beispiel biologische, ethnische oder soziale. Aber wir sind nicht unsere Erinnerungen. Erinnerungen sind nur die Bausteine, auf die wir unsere Erfahrungen aufbauen und die wir ihnen hinzufügen. Zwar sind die biologischen, ethnischen und sozialen Erinnerungen wichtig, denn sie bestimmen, wie wir die Erfahrungen wahrnehmen, die uns das Leben präsentiert, aber sie sind nicht, was wir sind. Da wir dazu neigen, uns mit diesen Erinnerungen zu identifizieren, sagen wir, dass wir sie sind (oder sie wir), aber was wir wirklich sind, geht weit über diese Erinnerungsmuster hinaus. Manche Theoretiker behaupten, dass wir unsere erlebten Erinnerungen sind, aber würden wir diesem Gedankengang zu seiner logischen Konsequenz folgen, wären wir nichts weiter als eine komplexe Ansammlung von Erinnerungen, zu denen auch Erinnerungen an andere Erfahrungen (Leben) gehören, die in unserer jetzigen Lage eine wichtige Rolle spielen, oder ein Sammelsurium aus Erinnerungen, für die wir uns zur Zeit halten. In Wirklichkeit sind wir aber zugleich der Schöpfer und der, der das Spiel des Lebens wahrnimmt. Der Körper beherbergt das Bewusstsein, denn er ist ein physisches Wesen, das an Zeit und Raum gebunden ist, und das Werkzeug, durch das wir das Leben erfahren, das wiederum den Erfahrungen sowohl des Körpers als auch des Bewusstseins unterworfen ist. Erfahrungen können angenehm oder unangenehm sein, je nachdem welche

Art von Erinnerungen wir an ähnliche Ereignisse haben. Unser emotionaler Körper spielt in diesem Bereich die entscheidende Rolle und bestimmt, wie wir auf verschiedene Erlebnisse reagieren. Wäre ich zum Beispiel im Nahen Osten geboren worden, wären meine Erfahrungen im Bereich des Handelns völlig anders, als wenn ich in einem europäischen Land zur Welt gekommen wäre. Eine radikal andere Sicht – sozial oder religiös bestimmt – eines Sachverhalts, ruft eine völlig andere emotionale Reaktion hervor. Dabei ist weder die eine noch die andere richtig, sie sind einfach verschieden.

Ein Sandkorn wird zum Berg

Wenn sich ein Mensch auf seiner Lebensreise etwas gegenüber sieht, mit dem er aufgrund seiner generellen Sichtweise lieber nichts zu tun haben möchte, versucht er meistens dem Problem aus dem Weg zu gehen. Zu diesem Zeitpunkt ist das betreffende Thema nichts weiter als ein Sandkorn, das auf der Straße liegt. Da wir aber aufgrund unserer Glaubenssysteme bestimmte Lektionen zu lernen haben, wird uns dieses Sandkorn wieder begegnen. Aber beim nächsten Mal wird es zu einem Stein geworden sein. Weil wir dem Thema aus dem Weg gegangen sind, haben wir eine dynamische Spannung zwischen uns und der Lektion erschaffen. Durch unsere Weigerung, uns diesem Thema zu stellen, haben wir ihm mehr Macht gegeben. Gehen wir ihm auch dieses Mal wieder aus dem Weg, wird es beim nächsten Mal wie ein kleiner Felsen auf unserem Weg liegen und danach wie ein großer Felsen, um den wir nicht mehr ohne Weiteres herumgehen können. Beim darauffolgenden Mal wird das Problem wie eine Felswand vor uns aufragen, die wir kaum noch erklimmen können. So wird es im Lauf der Zeit immer schwieriger, ein Problem zu lösen, das ursprünglich nichts weiter als ein Sandkorn war.

Das Thema wird sich uns immer wieder auf verschiedenste Weise präsentieren, bis wir unsere Lektion gelernt haben. Krankheiten sind eine Ausdrucksform der Lektion, die erst dann ins Spiel kommt, wenn wir uns lange genug geweigert haben, uns mit dem Sandkorn zu befassen. Hätten wir uns gleich am Anfang angemessen mit dem Thema beschäftigt, wäre es nicht nötig gewesen, einen ganzen Berg zu erklimmen. Denken Sie in diesem Zusammenhang nur an die Frau, die beinahe von dem Wunsch überwältigt worden wäre, ihr Kind über die Verandabrüstung zu werfen.

Der Film läuft weiter

Ein plötzlicher gewaltsamer Tod kann sehr wohl die Manifestation eines eigentlich nebensächlichen Themas sein, das aufgrund der Weigerung, sich damit zu befassen, völlig außer Kontrolle geraten ist; er kann auch der Versuch sein, eine „karmische Schuld" abzutragen. Wichtig ist in diesem Zusammenhang, dass der Film der Person, die so plötzlich und gewaltsam stirbt, immer noch weiterläuft.

Wir leben ja hauptsächlich aufgrund unserer Unfähigkeit, vollkommen in der Gegenwart zu sein, entweder in der Vergangenheit oder in der Zukunft, und haben zudem keine Ahnung, was nach dem Tod mit dem Bewusstsein geschieht. Für die meisten von uns baut sich die Zukunft von Moment zu Moment auf unseren vergangenen Erfahrungen auf. Einfache Erinnerungen an berufliche oder Freizeitaktivitäten, soziale oder familiäre Pflichten zwängen uns in eine Art sich selbst schreibendes Skript, dem wir blindlings folgen. Unser scheinbar unverzichtbares Bedürfnis nach Sicherheit garantiert, dass unser Leben einem regelmäßigen Rhythmus folgt. Wenn wir dann plötzlich und unerwartet sterben, setzt sich dieses Programm, das tief in unserem Bewusstsein verankert ist, weiter fort. Der schockierte Geist lebt auch weiterhin nach den ihm vertrauten Regeln und Rhythmen. Angst und Verwirrung setzen ein, weil niemand den Verstorbenen sehen oder hören kann. Die Weigerung, den Tod des Körpers zu akzeptieren, verhindert besonders bei denjenigen Menschen, die keine Vorstellung von einem Leben nach dem Tod haben, dass sich das Bewusstsein von der dreidimensionalen Realität lösen kann.

Das Festhalten an der dreidimensionalen Realität ist die eigentliche Ursache des Gespensterphänomens. Allein schon die besondere Vorliebe für einen bestimmten Ort oder ein Möbelstück stellt eine ausreichende Motivation dar, aufgrund derer Energie (in der Form eines Geistes) örtlich gebunden bleibt. Es scheint, als ob die energetischen Fäden (Indras Netz) intakt geblieben sind. Das ist in den Fällen von Selbstmord oder gewaltsamen Todesfällen besonders deutlich zu erkennen, in denen der Ort des Todes auf energetische Weise mit der Wohnung des Verstorbenen oder ihm nahestehender Personen verbunden wird. Diese Energielinien können aufgespürt werden und wer sensibel genug ist, kann die in ihnen enthaltenen Informationen „lesen". Im Rahmen dieses Prozesses lernen wir nicht nur etwas über diese Energielinien, sondern auch etwas über uns selbst.

Ich möchte hier zwei Beispiele anführen. Als ich einmal bei Freunden zu Besuch war, übernachtete ich in einem

Zimmer, in dem ich zuvor noch niemals gewesen war. Als ich mich schlafen legte und anfing mich zu entspannen, hatte ich plötzlich ein sehr deutliches Bild vor meinem inneren Auge. Ich sah, dass ich einen Unfall hatte und starb. Ich maß dem zunächst keine große Bedeutung bei, aber schon bald darauf drängte sich mir ein weiteres Bild auf. Ich sah mich selbst etwa 30 Meter über dem Boden schweben und auf die Erde hinabschauen. Unter mir sah ich einen weißen Kombi und ich wusste, dass ich in diesem Wagen saß. Ich sah auch, dass außer Sichtweite des Fahrers ein Lastwagen außer Kontrolle geriet. Als der Kombi um die Ecke bog, stieß er mit dem Laster zusammen, wobei der Fahrer des Kombi („ich") getötet wurde. Obwohl mir die ganze Geschichte sehr merkwürdig vorkam, dachte ich nicht weiter darüber nach, löschte sie aus meinem Bewusstsein und schlief ein.

Am nächsten Tag überprüfte ich mit Hilfe einer Rute, ob irgendwelche metaphysischen Energielinien durch das Zimmer liefen. Ich war nicht besonders überrascht, als ich eine entdeckte, die genau durch das Kopfende des Bettes verlief, in dem ich die Nacht zuvor geschlafen hatte. Mit Hilfe des Pendels stimmte ich mich weiter auf dieses Energiemuster ein und dank meiner Intuition, die mich zu immer neuen Fragen führte, konnte ich weitere Details herausfinden. Die Energielinie war von einem jungen Mann geschaffen worden, der sich, nachdem er bei dem Autounfall gestorben war, nach der Vertrautheit seines Heimes gesehnt hatte. Der Film seines Lebens lief nämlich weiter. Da seine Gewohnheiten über die Realität gesiegt hatten, versuchte er Sicherheit in seinen alltäglichen Aktivitäten zu finden. Die Energielinie, auf die ich mich in der Nacht zuvor ungewollt eingestimmt hatte, verband den Ort des Unfallgeschehens mit seinem Haus. Sie enthielt Informationen in Form von Bewusstsein oder Schwingungsenergie, die ich korrekt interpretiert hatte.

Das nächste Beispiel soll zeigen, wie stark derartige Energiemuster sein können und auf welche Weise sie Menschen, die entlang solcher Energielinien leben, beeinflussen können. Ich war gebeten worden, eine Störung im Haus eines Freundes zu untersuchen, das ganz in der Nähe einer den Aborigines (Koori) heiligen Stätte lag. Jahrelang hatte sich das Haus gut angefühlt, aber in letzter Zeit war eine Schwingung spürbar, die sich besonders negativ auf die Frau meines Freundes auswirkte. (Ich möchte hier noch einmal betonen, dass Dowsing erfordert, dass wir unsere Abwehrmechanismen aufgeben, damit wir offen genug sein können, um die gewünschten Informationen auch tatsächlich zu bekommen.) Ich arbeitete mit der Rute und entdeckte, dass zwei schmale Energielinien durch das Haus verliefen, die beide von der Koori-Stätte kamen. Ich stellte zu jeder dieser Linien eine Verbindung her. Eine verlief quer durch den Esszimmertisch, an dem ich saß und gerade dabei war, die Linie auf dem Hausplan einzuzeichnen. Plötzlich nahm ich ein starkes Klingen in den Ohren wahr, dass von einem Echo in meinem Kopf gefolgt wurde. Dieser innere Krach wurde so laut, dass ich zwar die Stimme meines Freundes in meinem linken Ohr hören konnte, wenn er in einiger Entfernung rechts von mir stand, dass ich ihn aber nicht hören konnte, wenn er links von mir stand. Ich versuchte die Störung mit verschiedenen Methoden aufzulösen, hatte aber keinen Erfolg. Dies alles geschah etwa gegen halb drei Uhr nachmittags. Wir verließen das Haus gegen halb vier, aber erst gegen halb elf am Abend ließen die Geräusche nach, so dass ich wieder normal hören konnte.

Verschiedene Wege des Wissens

Wenn Vorfälle, wie die eben beschriebenen, jede Nacht vorkämen oder jedes Mal, wenn Sie sich in Ihrem Esszimmer aufhalten, und Sie keine Ahnung hätten, was vor sich geht, würden Sie vermutlich schon bald einen Arzt aufsuchen. Aber was könnte ein Arzt oder Therapeut entdecken? Da nichts Greifbares da ist, würde man Ihnen wahrscheinlich schon bald sagen, dass alles nur Einbildung ist. Natürlich ist alles Einbildung, da sich alles im Geist abspielt. Sonst würden wir überhaupt keinen Zugang zu derartigen Phänomenen finden. Das erklärt allerdings nicht, warum es „meine Einbildung ist", sich also in meinem Geist abspielt, und nicht in dem eines anderen Menschen.

Im obigen Fall hatte ich mich bewusst auf diese Energien eingestimmt. Da die meisten Menschen nur ganz kurz damit in Berührung kämen, wären die Symptome nicht so dramatisch wie bei jemandem, der sich ihnen mit der Absicht nähert, mehr über sie herauszufinden. Ohne Kenntnisse vom Vorhandensein solcher Energien wäre es schwierig, über die symptomatische Ebene hinauszugehen. Nur wer weiß, in welcher Welt wir tatsächlich leben, kann die Angst vor dem Unbekannten besiegen. Angst ist wie ein undurchdringlicher Nebel, der an den Grenzen unseres Bewusstseins hängt.

Es gibt viele andere Beispiele für diese Art von Energiemustern, die je nach den beteiligten Gefühlen oder Gedanken und je nach der Intensität, mit der diese Gefühle oder Gedanken erzeugt wurden, alle etwas anders geartet sind. Diese Energielinien durchziehen die Umgebung und verlaufen ungehindert quer durch Wohnhäuser oder Bürogebäude. Wenn wir uns längere Zeit entlang einer oder mehrerer dieser Energielinien aufhalten, werden wir in einem gewissen Ausmaß von der Information, die in diesen Linien enthalten ist, beeinflusst werden. Obwohl das meistens so subtil vor sich geht, dass wir uns dessen überhaupt nicht bewusst sind, wirkt es sich auf uns aus – häufig sogar ziemlich dramatisch. Ob sich die Auswirkungen auf der körperlichen, der emotionalen oder mentalen Ebene zeigen, hängt größtenteils von der Frequenz des betreffenden Energiefeldes und unserer persönlichen Reaktion auf diese Frequenzen ab. Ein weiterer Faktor, den man in Betracht ziehen muss, um das Wesen einer Störung zu verstehen, besteht darin, dass das, was sich negativ auf einen Menschen auswirkt, einen anderen möglicherweise überhaupt nicht beeinflusst. Zwar leben wir alle in Körpern, die sich grundsätzlich gleichen, aber aufgrund ihrer Vorstellung von sich selbst und ihrer Grenzen und aufgrund ihrer Wahrnehmung der Realität und ihres Karmas werden manche Menschen von Dingen beeinflusst, die sich auf andere überhaupt nicht auswirken. In diesem Sinn ist jeder von uns so einzigartig, dass Patentrezepte oder generelle Diagnosen verschiedene Krankheitszustände, seien diese nun körperlich, emotional oder mental, nicht angemessen beschreiben können.

Der Dominoeffekt

Wenn wir nach eindeutigen Beweisen dafür suchen, dass ein bestimmtes Energiemuster einen bestimmten Effekt auf uns hat, werden wir mit Sicherheit enttäuscht werden. So ist es zum Beispiel schwierig, die elektromagnetische Strahlung im Ultrakurzwellenbereich als einzige Ursache für Leukämie nachzuweisen, da sich diese Form der Strahlung zwar auf manche Menschen auswirkt, aber auf andere eben nicht. Manche Personen werden stärker in Mitleidenschaft gezogen, andere weniger, und alle auf individuell verschiedene Weise. Dasselbe trifft auch auf andere störende Energiemuster zu. So bekommt eine Gruppe von Menschen eine Lebensmittelvergiftung, eine andere, die dieselben Sachen gegessen hat, aber nicht. Warum ist das so? Sicher ist, dass in den Fällen, in denen eine Lebensmittelvergiftung große Publizität erfährt, unsere kollektiven Ängste aktiviert werden, so dass viele Menschen, die möglicherweise kontaminierte Nahrung gegessen haben, schon bald die entsprechenden Symptome bekommen und krank werden – und zwar unabhängig davon, ob sie vorher Zeichen einer Erkrankung hatten oder nicht.

Verschiedene Experimente haben gezeigt, wie hoch die Ansteckungsgefahr durch Gedankenübertragung ist. So zum Beispiel in diesem Fall: Ein Angestellter einer Firma beklagte sich über Schwindel und Übelkeit und brach nach zwei Tagen plötzlich und höchstdramatisch vor den Augen seiner Kollegen zusammen und musste abtransportiert werden – angeblich ins Krankenhaus. Am nächsten Tag wiederholte ein anderer Angestellter diese Vorstellung. Diese Vorfälle reichten aus, um bei einigen ihrer Kollegen dieselben Symptome hervorzurufen – und zwar mit unterschiedlicher Authentizität, je nachdem, wie genau ihnen die Symptome der angeblichen Krankheit von ihren Kollegen berichtet worden waren. Die ersten beiden Krankheitsfälle waren vorgespielt worden, um herauszufinden, wie sich eine scheinbar so dramatische Krankheit auf die Belegschaft der Firma auswirken würde. Innerhalb weniger Wochen litten Dutzende von Angestellten unter den gleichen Symptomen.

Wayne Dyer berichtet von einem Arzt, der regelmäßig Aidspatienten heilte, bevor die Krankheit Schlagzeilen machte und sich die Nachricht vom „Killervirus" über die ganze Welt verbreitete. Nach der Ausschlachtung durch die Medien folgten dann aber mehr und mehr Todesfälle. Wir sind nun einmal unglaublich sensible Wesen und so lange wir Ängste in uns tragen, werden wir leicht denen auf den Leim gehen, die diese Ängste unverantwortlicherweise schüren.

Natürlich sind diese Beispiele nicht ganz so einfach wie sie es zu sein scheinen. So hat zum Beispiel ein Virus durchaus ein Eigenleben, aber ob er unsere körpereigene Abwehr durchdringen kann, steht auf einem ganz anderen Blatt. Zwar können wir versuchen, die Antwort auf unsere Fragen durch einen Blick auf die mechanischen Eigenschaften des Körpers zu finden, aber wir müssen viel weiter blicken, um herauszufinden, warum sich der Körper auf eine bestimmte Weise verhält. Das Buch „Ein Kurs in Wundern" verweist häufig darauf, dass jede Heilung im Grunde Befreiung von Angst ist. Auch ich möchte in diesem Buch verschiedene Sichtweisen der Realität vorstellen, die auf echtem Verstehen beruhen und nicht auf Angst oder Unwissenheit. Meine Sicht unterscheidet sich von anderen darin, dass sie auf dem Konzept der Energie basiert. Die Erläuterungen in diesem Buch sollen den Lesern helfen, über die Ängste hinauszuwachsen, die sie möglicherweise noch haben.

Ich möchte betonen, dass es einzig die Angst ist, die zwischen uns und der Freiheit steht, und dass diese Angst nicht mit dem Tod des Körpers endet. In den Beispielen bezüglich der Selbstmorde und der gewaltsamen Todesfälle habe ich gezeigt, dass das Bewusstsein sowohl innerhalb als auch außerhalb des Körpers existiert. Das Bewusstsein ist aber eben nicht der physische Körper, der nichts weiter als ein Werkzeug ist, durch das das Bewusstsein bestimmte Erfahrungen machen kann. Wenn sich Angst aufgrund von unerfüllten Bedürfnissen, Hoffnungen, Wünschen und Erwartungen entwickelt, gleicht diese Angst einem Schleier, der sich vor dem Bewusstsein ausbreitet. Durch diesen Schleier muss das Bewusstsein dann die Welt sehen. Aber das reine Bewusstsein kennt keine Schleier, es ist ja unsere Vorstellungskraft, die aufgrund von Ängsten den Schleier erst erschafft. Wenn der physische Körper stirbt, besteht der Schleier aber weiter und zwar je nach der Intensität, mit dem er gewoben und instandgehalten wurde. Die Stärke des Schleiers hängt natürlich auch von der spirituellen Einsicht des Einzelnen ab und von seiner Fähigkeit, völlig im gegenwärtigen Augenblick zu leben und seine Zukunft nicht aufgrund seiner Ängste aus der Vergangenheit zu erschaffen.

Energieeindrücke

Energieeindrücke können der Umgebung jederzeit und überall eingeprägt werden. Die Ursache solcher Eindrücke sind häufig intensive emotionale Ausbrüche, die im Grunde auf einem falschen Verständnis der wahren Natur der Realität beruhen. Wir hinterlassen Energieeindrücke während unseres ganzen Lebens, aber besonders dann, wenn wir nicht in der Lage sind, einem Menschen, einem Ort oder Ereignis zu vergeben. Sie werden durch mangelnde Bewusstheit aufrechterhalten und zwar entlang der Energielinien, die ich bereits beschrieben habe. Ein Beispiel: Wenn wir einem Menschen nicht vergeben oder unsere besitzergreifende Liebe ihm gegenüber nicht loslassen können, wird das energetische Band zwischen uns und ihm weiterbestehen – selbst nach dem Tod der Beteiligten! Ein anderes: Wenn wir umziehen, hinterlassen wir unseren Nachmietern möglicherweise unsere energetischen Muster. Derartige Energiemuster können sich äußerst störend auf Menschen auswirken, die, ohne etwas von ihrer Existenz zu ahnen, in eine solche Wohnung ziehen oder einen solchen Laden mieten. Wenn wir aber einmal umgezogen sind und angefangen haben uns einzuleben, nehmen wir auch eher die Energien der neuen Umgebung wahr. In den ersten Tagen oder sogar Monaten scheinen wir den neuen Energiemustern gegenüber resistent zu sein, weil wir unsere alten Muster noch in uns tragen. Aber je länger wir uns in der neuen Umgebung aufhalten, desto stärker werden wir die dort vorhandenen Energiemuster wahrnehmen.

Energiemuster haben immer etwas mit verschiedenen Frequenzen zu tun. Auf der untersten Ebene begegnen wir den Erdenergien, zu denen magnetische Felder, unterirdische Wasseradern, geologische Verwerfungszonen oder Höhlen gehören, die sich auf unsere Gesundheit und unser Wohlbefinden auswirken können, ohne dass wir uns ihrer dazu bewusst sein müssten. In einem höheren Frequenzbereich stoßen wir auf das Feld technologischer Störungen, die in einer neuen Umgebung möglicherweise stärker ausgeprägt sind. Bestimmende Faktoren sind hierbei die Nähe zu Hochspannungsleitungen, Transformatoren oder Mikrowellensendern, die korrekte Erdung der häuslichen Stromleitungen und der Einsatz von neuen Elektrogeräten. Wenn Menschen in eine neue Umgebung ziehen, verändern sich eine ganze Reihe von Stressfaktoren, was dazu führen kann, dass das Immunsystem möglicherweise nicht mehr in der Lage ist, mit den vielen neuen Energiefeldern fertig zu werden.

Wichtiger als Erdenergien und technologische Felder sind allerdings die Energieeindrücke, in denen emotionale und mentale Erinnerungsmuster enthalten sind. Je länger wir uns in derartig gestörten Bereichen aufhalten, desto wahrscheinlicher ist es, dass wir davon negativ beeinflusst werden. Der emotionale Stress, der sich in einer Umgebung hält, wirkt sich unter Umständen dramatisch auf die dortigen Bewohner aus. Wie sehr diese aber negativ beeinflusst werden, hängt vor allem davon ab, mit welchen persönlichen Problemen die Betroffenen gerade ringen und wie sie auf bestimmte Energiefrequenzen reagieren. Ein emotional empfindsamer Mensch wird eher negativ durch ein gestörtes Energiemuster beeinflusst werden als ein Mensch, dessen Herz überhaupt nicht offen ist. Zwar wird auch ein solcher Mensch beeinflusst werden, aber die Symptome werden nicht so deutlich wahrnehmbar sein. Sind sie es doch, werden sie sicher nicht mit Umweltfaktoren im Zusammenhang gebracht werden.

Gestörte Energiemuster

In Fällen, in denen eine Störung so schwerwiegend ist wie in einer Wohnung in Brisbane, in die ich gerufen wurde, spüren die Bewohner die negativen Auswirkungen schon nach kurzer Zeit, kennen aber die Ursache nicht. In der betreffenden Wohnung führte mich die Rute zu den Schränken, in denen sich das Energiemuster zu engen Spiralen verdichtete. Als ich mich auf diese spiralförmigen Muster einstimmte, spürte ich in zunehmenden Maß Angst vor Missbrauch. Das Bild, das ich vor meinem geistigen Auge sah – oder besser gesagt, fühlte –, war das eines kleinen Mädchens, das sich in den Schränken versteckt hielt oder dort eingesperrt worden war. In der Mitte des Wohnzimmers fühlte ich ein besonders starkes Muster, das auf furchtbare Angst und Misshandlungen hindeutete. Ich nahm diese Störung, die zudem noch von einem Kälte- und einem starken Ekelgefühl begleitet wurde, ganz deutlich wahr. Es schien mir, als ob in dieser Wohnung ein kleines Mädchen körperlich und geistig misshandelt worden wäre. Die Energiemuster der Angst hatten sich – weil sie so besonders stark waren – in dieser Umgebung festgesetzt und wirkten sich negativ auf die emotionale Gesundheit des Mannes aus, der zur Zeit in der Wohnung lebte.

Ein anderes Beispiel dafür, wie schwerwiegend die Auswirkungen solcher Energiemuster auf die emotionale und geistige Gesundheit der Menschen sein können, die sich in seiner Nähe aufhalten, erlebte ich in einem Nachtklub. Da sich dieser unter der Erde befand und kein natürliches Licht einfallen konnte, war es dort ziemlich schummrig. Ich wusste, dass Medien und andere sensible Menschen sich höchstens drei Minuten dort aufhalten konnten, bevor sie vor den dort herrschenden merkwürdigen Gefühlen die Flucht ergreifen mussten. Besonders interessant war in diesem Zusammenhang auch, dass sich diese Menschen den Damentoiletten nicht näher als zehn Meter nähern konnten, ohne in Panik zu geraten.

Als ich den gestörten Energielinien folgte, führte mich die Rute sofort zu den Damentoiletten. Je näher ich ihnen kam, desto unwohler fühlte ich mich. Ich bekam eine Gänsehaut und mein Magen fing an, sich zu verkrampfen. Je näher ich den Toiletten kam, desto stärker wurde die Störung. Ich nahm ganz deutlich Angst und Stress wahr. Schließlich fand ich den Ort, von dem dieses Energiemuster ausging: einen der Toilettenställe. Hier war das Gefühl vollkommen überwältigend. Eine regelrechte Welle aus Verzweiflung, Angst und Einsamkeit stürzte auf mich ein. Einen Moment lang fragte ich mich ernsthaft, warum ich mir ausgerechnet einen Beruf wie Dowsing ausgesucht hatte.

Ich brachte ziemlich lange damit zu, dem gestörten Energiemuster in der Toilette neue Energie zuzuführen. Allmählich verloren die aufgewühlten Gefühle ihre Intensität, bis sie einen Punkt erreicht hatten, an dem sie sich nicht mehr negativ auf die Umgebung auswirkten. Bald darauf war das gestörte Muster vollkommen aufgelöst. Später erfuhr ich, dass in diesem Toilettenstall eine junge Frau durch einen Asthmaanfall gestorben war. Man kann sich leicht vorstellen, welche Angst und welchen Schmerz sie dabei erlitten haben musste.

Seit dieser Zeit konnten Medien und andere feinfühlige Menschen wieder den Nachtklub besuchen und dort sogar auf die Toilette gehen. Und der Besitzer konnte den Laden endlich verkaufen, was ihm vorher nicht gelungen war.

Diese Beispiele veranschaulichen, dass Energien aus metaphysischen Quellen durchaus das Leben in der dritten Dimension auf vielerlei Weise beeinflussen können. Das liegt natürlich einfach daran, dass diese Realitäten nicht wirklich voneinander getrennt sind.

Die Geschichte eines Landes

In Australien können wir uns glücklich schätzen, dass die Schicht der Störungen hier weitaus dünner ist als in anderen Ländern. Dennoch: Die weiße Besiedlung ist zwar nur etwa 200 Jahre alt, ist aber für den Großteil der durch Menschen verursachten Störungen verantwortlich. Bevor die weißen Siedler kamen, lebten die eingeborenen Koori in Harmonie mit ihrer Umwelt. Da die Koori bestimmte Energiemuster etablierten, existieren viele heilige Orte, Lager- und Begräbnisstätten sowie Pfade, die durch das ganze Land führen. Das ist bei einer Kultur, die seit Zehntausenden von Jahren an die Traumzeit – also an den Ursprung, die Ursache und die Erhaltung der Schöpfung - glaubt, auch nicht weiter verwunderlich.

Ich habe ja bereits gesagt, dass Energiemuster oder Energieeindrücke von lebenden Menschen verursacht werden. In unserer Kultur besitzen die Toten weder die Fähigkeit, derartige Muster zu etablieren, noch haben sie die Kraft, sie aufrechtzuerhalten. Aber in der Kultur der Koori nimmt der Glaube, dass diese beiden Realitäten gleichzeitig miteinander existieren, einen festen Platz ein. Für den westlich geschulten Verstand ist es schwer zu begreifen, wie ein Mensch an mehr als einem Ort oder in mehr als einer Realität gleichzeitig sein kann, aber für die Koori, die seit Tausenden von Jahren daran glauben, ist dies vollkommen normal. Und dem Dowser erschließt sich auch diese Welt langsam. Zur Welt der Koori gehören die wohlgehüteten

Geheimnisse der Traumzeit und ein Glaubenssystem, das seit Zehntausenden von Jahren existiert.

Seit 200 Jahren sind Einwanderer in das gelobte, das „glückliche Land" gekommen. Jahrelang hatten die meisten der frühen Einwanderer wenig oder gar kein Verständnis für die Ureinwohner, die seit Tausenden von Jahren in relativer Harmonie mit dem Land gelebt hatten. Nach typischer Kolonialherrenart nahmen sich die Neuankömmlinge einfach, was sie wollten, nutzten die Ureinwohner aus und bekehrten sie mit allen Mitteln zum Christentum. Dass man sich über die Empfindlichkeiten einheimischer Völker brutal hinwegsetzt, ist ein typisches Merkmal aller Kolonialmächte. Es sollte daher nicht verwundern, dass die von ihnen errichtete soziale Ordnung keine solide Grundlage haben kann. Oder wie die Bibel sagt: „Ein solches Haus ist auf Sand gebaut." Ohne Bewusstheit und Sensibilität gegenüber der Energie des Landes – wie es die Koori haben –, kann keine dauerhafte Verbindung zwischen Mensch und Land bestehen. Heute bringt uns das typisch westliche Verhalten, einem eingeborenen Volk eine neue Kultur und damit eine neue Religion und neue soziale Regeln und Verhaltensweisen aufzuzwingen, nicht mehr weiter.

Die Spiritualität der eingeborenen Völker kann zwar scheinbar unterdrückt werden, aber sie ist so sehr im Land selbst verwurzelt, dass es mehr als oberflächliche Maßnahmen braucht, um eine neue nachhaltige Kultur zu etablieren. Die besondere Energie des Landes ist in diesem ältesten aller Kontinente allerorten spürbar. Sie überschreitet häufig die Grenzen unserer Realität und weckt Gedanken und Gefühle, die tief in uns verborgen liegen.

Historische Ursachen bestimmter Störungen

In vielen Fällen haben Menschen ihre Häuser, Büros und Fabriken ohne jedes Verständnis für das Wesen des Landes gebaut. Das trifft auf Australien ebenso zu wie auf viele andere westliche und östliche Länder, in denen die Bauherren die Verbindung zu ihren Wurzeln verloren haben – das heißt, zu ihrer Verbindung mit der Erde und dem ihr innewohnenden Bewusstsein.

Wenn wir ohne nachzudenken Land erschließen und dabei den Profit zu unserem Hauptziel machen, entstehen vielerlei Probleme. Profit schließt Einfühlsamkeit aus. Schließlich wollen die Aktionäre Ergebnisse sehen – und zwar in Form von Dividenden und steigenden Aktienkursen. Aber Einfühlsamkeit gegenüber dem Land zahlt sich nun einmal leider nicht so kurzfristig aus. Dafür garantiert fehlendes Einfühlungsvermögen, dass unsere Zukunft nicht nachhaltig sein wird – wie gegenwärtig überall auf der Welt zu beobachten ist. Ausnutzung und Missbrauch auf welcher Ebene auch immer – sei es gegenüber Menschen, Tieren, Pflanzen oder der Erde selbst -, ist nie nachhaltig. Es heißt zwar, dass wir aus unseren Fehlern lernen, aber wie viele Fehler müssen wir eigentlich noch machen?

Ich habe mehrmals beobachten können, dass Klienten aufgrund mangelnder Bewusstheit, unter Einflüssen aus der Umgebung zu leiden hatten. Dazu gehören Schwierigkeiten beim Bauen eines Hauses ebenso wie Krankheiten und Unfälle, die die Bauarbeiter treffen, aber auch gesundheitliche oder finanzielle Probleme der späteren Bewohner des Hauses. Möglicherweise war das Land, auf dem gebaut wurde, eine Begräbnisstätte der Koori, einer ihrer heiligen Orte oder ein Platz für Initiationsriten. In all diesen Fällen haben sich die Bauherren wie mit einer Planierraupe durch ein Denkmuster gewalzt, von dem sie nicht einmal wussten, dass es überhaupt existiert. Aber selbst wenn sie etwas von seiner Existenz geahnt hätten, würde sie sich wahrscheinlich nicht dafür interessieren. Aber nur wenn wir uns der Energiemuster der Erde bewusst werden, können wir auch mit ihnen umgehen.

In manchen Fällen ist es durchaus möglich, über einen Bau zu „verhandeln". Dabei ist meistens nur Sensibilität, Bewusstheit, Respekt und Diplomatie nötig. Fortwährende gesundheitliche Probleme können zum Beispiel einfach dadurch hervorgerufen werden, dass man an einem Ort lebt, der besondere Bedeutung für die Koori hat. Ein Freund erzählte mir, dass eine neuseeländische Familie endlose gesundheitliche, finanzielle und Beziehungsprobleme und zudem häufig Unfälle hatte. Später stellte sich heraus, dass sie auf einer Begräbnisstätte der Maori lebte. Was dort geschehen war, war keineswegs das Resultat einer überaktiven Einbildungskraft, sondern war auf ein deutlich spürbares Energiefeld zurückzuführen, das in die Welt der dreidimensionalen menschlichen Realität hineinragte.

Historische Ursachen für gestörte Energieströme

Die Existenz einer Verbindung zwischen Toten und Lebenden ist wahrscheinlich schwer zu akzeptieren, wenn man nicht versteht, dass auf der Bewusstseinsebene kein großer Unterschied zwischen den beiden Zuständen besteht. Ich habe aber viele Fälle gesehen, in denen die Energie eines

Ortes aufgrund karmischer Verbindungen beeinflusst und verändert worden war.

Gesundheitliche Probleme oder das Fernbleiben von Freunden und Verwandten können die Folge eines gestörten Energieflusses durch ein Haus oder ein Grundstück sein. Eine meiner Klientinnen, die sich bei ihren Ausritten von einem bestimmten Stück Land angezogen gefühlt hatte, kaufte ein Anwesen ganz in der Nähe. Leider konnte ihre Mutter sich nicht im neuen Haus aufhalten. Sie hatte dort einfach ein schlechtes Gefühl, das sie nicht näher erklären konnte. Dann ließen sich auch andere Freunde nicht mehr sehen und meine Klientin bekam gesundheitliche Probleme.

Als ich die Energieströme überprüfte, stellte ich fest, dass das Qi, die Lebensenergie, nicht durch das an der Straße gelegene Tor auf das Grundstück strömte. Als ich in der Zeit zurückging (denken Sie daran, dass durch Dowsing ein Bewusstseinszustand erreicht wird, der jenseits von Zeit und Raum ist), entdeckte ich, dass das Qi durch den Zaun ungehindert auf das Grundstück strömte. Eine interessante Beobachtung, die ihre Erklärung fand, als mir berichtet wurde, dass die vorherigen Besitzer ihr Tor genau an jener Stelle hatten. Da so bestätigt wurde, dass die Energie nicht mehr auf das Land geflossen war, seit meine Klientin es gekauft hatte, war klar, dass sie, auf welche Weise auch immer, für die Veränderung verantwortlich war.

In einer solchen Situation kann man natürlich viele Fragen stellen, aber mir schien sofort, als ob das Problem etwas mit dem Ort zu tun hätte, den meine Klientin oft aufgesucht hatte, bevor sie hierher gezogen war. Als ich dies erwähnte, erzählte sie mir, dass sie erfahren hatte, dass die einstmals dort ansässigen Koori eben an jener Stelle von einem Felsen in den Tod gestürzt worden waren. Nachdem ich eine starke Verbindung zwischen meiner Klientin und den ermordeten Koori gespürt hatte, fuhren wir zu dem betreffenden Felsen, wo ich eine beträchtliche Zeit damit zubrachte, die gestörten Energiemuster in diesem Gebiet aufzulösen und zu heilen. Nachdem wir zum Grundstück zurückgefahren waren, überprüfte ich den Energiefluss und konnte feststellen, dass er wieder hergestellt worden war. Eine Nebenwirkung dieser Heilung bestand darin, dass sich nicht nur die Gesundheit meiner Klientin verbesserte, sondern auch ihre Freunde und Verwandten wieder zu Besuch kamen.

Massaker an den Ureinwohnern

Einem ähnlichen Fall, bei dem ich Verbindung zu einem Ort aufnahm, der von der Energie der Koori durchtränkt war, begegnete ich, als ich auf einem Grundstück in der Neu- England-Kette arbeitete. Es war äußerst schwierig, die Energie dieses Ortes zu verändern. Ich bekam den Eindruck, dass ich als Gegenleistung für die Mithilfe der Koori, die mit diesem Ort in Verbindung standen, etwas Bestimmtes tun müsste. Was das sein sollte, wusste ich allerdings nicht. Aber kurz darauf befand sich die Energie des Ortes zur Erleichterung der Bewohner wieder im Gleichgewicht. Als wir später die Situation erörterten, kam die Sprache auf einen anderen Ort, an dem ebenfalls Ureinwohner von einem Felsen in den Tod gestürzt worden waren. Ein paar Tage später kam ich dort vorbei und löste die gestörten Energiemuster auf. So konnte ich mich für die Hilfe der Koori revanchieren.

Ein anderer Fall dieser Art ereignete sich, als ich in den Dandenong-Bergen arbeitetet. Die Besitzer eines Hauses hatten nämlich beträchtliche Schwierigkeiten damit, einen Anbau zum Hauptgebäude fertig zu stellen. Nachdem ich den Ort überprüft hatte, war mir klar, dass es sich um eine für die Koori wichtige Stätte handelte. Wären die Besitzer sich dessen gleich bewusst gewesen, hätten sie sich von Anfang an viel Ärger ersparen können. Sobald sie das Problem verstanden hatten und ich in ihrem Namen „verhandelte", veränderte sich die Situation grundlegend und der Anbau konnte fertig gestellt werden. Ich bat die Besitzer, während ihrer regelmäßigen Meditationen auch die Energie des Ortes zu berücksichtigen und sich respektvoll zu verhalten, um so eine gute Beziehung zu den Energien der Umgebung aufrechtzuerhalten.

Die Notwendigkeit der Heilung

Wenn sich durch scheinbar unüberwindbare Gegensätze ein Graben zwischen Menschen aufgetan hat, ist es nur schwer zu vergeben – obwohl dies dringend geboten sein kann.

Wut, Angst, Frustration, Rage und Demütigung sind äußerst machtvolle Gefühle. Ohne Vergebung verankert sich eine starke emotionale Energie in der Nähe des Geschehens – besonders wenn sich eine oder beide Parteien überhaupt nicht bewusst sind, was sie eigentlich tun. Je sensibler wir werden, desto mehr spüren wir unsere Umgebung auf eine Weise, von der wir uns so lange abgeschnitten hatten. Zuerst werden die Gefühle so subtil sein, dass wir sie nicht von unseren eigenen Gedanken und Emotionen unterscheiden können. Die Gefühle werden zu uns und wir werden zu diesen Gefühlen. Schon bald kämpfen die verschiedenen Gedanken und Gefühle um die Vorherrschaft in unserem Kopf. Wenn wir uns nicht bewusst sind, was hier vor sich geht, und uns einfach mit den vielen Gedanken und Gefühlen identifizieren, die wir wahrnehmen, nehmen wir sie tatsächlich an. Dort wo sich unser „wahres" Selbst und die auf uns eindringenden Energie aus der Umgebung auffallend unterscheiden, kann es zu einem ständigen inneren Streit über die Wirklichkeit der Wirklichkeit kommen, mit anderen Worten, zu schizophrenen Zuständen. Letzten Endes ist aber alles wirklich. Der Konflikt entsteht nur, weil wir uns ausschließlich mit einem bestimmten Aspekt der wahrgenommenen Realität identifizieren.

Bestimmte Gebiete, die ich überprüft habe, stellten sich als männliche Koori-Zentren heraus. Frauen können dort nur schwer ein harmonisches Leben führen, manchmal kann es ihnen gar unmöglich sein, bestimmte Zimmer in einem Haus auch nur zu betreten. So konnte eine Frau, für die ich arbeitete, nicht in das Zimmer ihres Sohnes gehen – nicht einmal zum Aufräumen. Im Zimmer war eine starke männliche Energie spürbar, die den Sohn beeinflusste und die Mutter fernhielt.

In anderen Fällen handelt es sich um starke weibliche Zentren, Ruheplätze oder Gebärstätten, die keine männliche Energie zulassen. Das führt natürlich für die in diesen Gegenden lebenden Männer zu erheblichen Problemen (allerdings auch für Frauen, die mit diesen Energien nicht umgehen können!). Da solche Orte sehr passiv sind und starke Yin-Eigenschaften besitzen, sind sie keine guten Standorte für Geschäfte. Aber selbst die Bewohner von dort errichteten Wohnhäusern werden wahrscheinlich unter mangelnder Motivation, fehlendem Antrieb, finanziellen Sorgen und gesundheitlichen Problemen leiden, wenn sie zu lange dort leben.

Ich wurde einmal zu einer Familie gerufen, weil sowohl die Frau als auch die Tochter eine männliche Koori-Energie gespürt und sogar gesehen hatten, die sich immer dann besonders bemerkbar machte, wenn der Mann auf Geschäftsreise war. Für Mutter und Kind war dies eine äußerst quälende Erfahrung. Die Familie traute sich nach Einbruch der Dunkelheit nicht mehr in den Garten, da sie das Gefühl hatte, eine Gruppe von Koori-Männern würde dort im Dunkeln auf sie warten. Das Gefühl war so stark, dass es der ganzen Familie Angst einjagte. Ich versuchte, am Esstisch sitzend, Informationen zu erhalten, bekam aber keine eindeutigen Antworten von meinem Pendel. Erst als ich nach draußen ging, bekam ich eine Reaktion. Aber so sehr ich mich auch bemühte, ich konnte mit der Rute keinen Energiestrom aufspüren, der auf das Haus zufloss. Ich spürte nicht nur, dass der Energiestrom direkt vor der Tür endete, ich hatte auch das Gefühl, dass ein unsichtbares Energiefeld in der Tür stand und mir den Zugang zum Haus verwehrte.

In einem solchen Fall versuche ich immer zuerst, Kontakt zu der störenden Energie herzustellen, um dann allmählich heilende Energie (Licht) in das gestörte Muster einzuschleusen. Ich stand mit der Besitzerin auf der Veranda vor der Haustür, als ich damit anfing, und spürte plötzlich einen eiskalten Luftzug. Im selben Augenblick trat die Frau erschrocken einen Schritt zurück, weil sie im Türrahmen die männliche Energieform gesehen hatte, die uns aufforderte, weg zu gehen und ihn in *seinem* Haus in Ruhe zu lassen. Dabei machte er klar, dass er uns nichts antun wollte. Obwohl die Frau ziemlich erschüttert war, fuhr ich fort, das männliche Energiemuster aufzulösen. Langsam aber sicher bahnte ich mir Meter für Meter einen Weg ins Haus, bis ich in einem der Kinderzimmer angekommen war, wo ich Kontakt mit dem Zentrum dieses Energiemusters aufnehmen konnte. Nachdem ich einige Zeit weiter gearbeitet hatte, war das Muster aufgelöst und die Atmosphäre geklärt. Als ich nun den Garten überprüfte, konnte ich keine Spur der Koori-Männer entdecken, die scheinbar in Verbindung mit der männlichen Energie im Haus gestanden hatten. Als sich diese aufgelöst hatte, gab es keinen Grund mehr für sie, noch länger an diesem Ort zu verweilen.

Ähnliche Erfahrungen scheinen heute immer mehr Menschen aus allen gesellschaftlichen Schichten zu machen. Früher waren es nur Medien und „Hellseher", die Zugang zu solchen Energien hatten, aber heute ist es unmöglich zu sagen, wer alles derartige Energiemuster sehen, hören oder fühlen kann.

Ich bin der Meinung, dass der Schleier, der unsere Welt von der Welt der höheren, unsichtbaren Schwingungen trennt, jeden Tag etwas durchlässiger wird. Die Grenzen der beiden Wirklichkeiten scheinen zu verschwimmen. Eigentlich war das schon immer so, weil die einzige Trennwand, die wirklich besteht, die ist, die wir selbst errichtet haben, um uns vor dem angeblichen Horror der unsichtbaren Welten zu schützen. Und diese Trennwände lösen sich heute allmählich auf.

Das Poltergeist-Phänomen

Ein anderes interessantes Phänomen, durch das das energetische Gleichgewicht eines Hauses gestört werden kann, wird als Poltergeist bezeichnet. Dabei fliegen meistens Gegenstände ohne erkennbare Ursache durch die Luft. Dieses Phänomen kann aber in energetischen Begriffen verstanden und so entmystifiziert werden. Auf diese Weise mag sich auch die Angst auflösen, die im Kopf des Beobachters entsteht.

Dort, wo sich Energie aufstaut, entsteht ein großer Druck. Der Vergleich mit einem Damm soll dies veranschaulichen. Das Wasser, das durch einen Damm aufgestaut wird, drückt mit großer Macht gegen ihn. Kann das Wasser kontrolliert abfließen und dabei durch eine Turbine geleitet, kann auf diese Weise elektrischer Strom gewonnen werden. Würde immer neues Wasser zugeführt, aber nicht abgeleitet, käme es zu einem Punkt, an dem der Damm dem Wasserdruck nicht mehr standhalten könnte. Auf diesem Prinzip beruht meiner Meinung nach auch das Poltergeistphänomen. Die aufgestaute und nicht freigesetzte emotionale Energie eines Menschen (tot oder lebendig) erreicht einen Punkt, an dem sie nicht länger kontrolliert werden kann. Daraufhin wird sie freigesetzt und erzeugt in der unmittelbaren Umgebung das reinste Chaos, wie das folgende Beispiel zeigt.

Ich war gerufen worden, um ein Haus auf energetische Einflüsse hin zu überprüfen, und hatte die Umgebung ohne größere Probleme wieder ins Gleichgewicht bringen können. Der Besitzer des Hauses, ein stolzer ehemaliger Armeeoffizier, litt unter den Nachwirkungen eines Schlaganfalls und neigte daher zu Depressionen. Weil er sich nicht selbst versorgen und seine Pensionierung nicht genießen konnte, zog er sich immer mehr in sich selbst zurück. Zu meiner Methode gehört, dass ich mir beim Überprüfen von Energiefeldern in einem Haus immer auch die Besitzer oder Bewohner anschaue.

Hier konnte ich im Energiefeld des Mannes eine Menge Wut und Groll spüren. Als ich diese aufgelöst hatte, schien mein Job erledigt zu sein.

Aber wie ich später von seiner Tochter hörte, hatten kurz nach meinem Besuch die Poltergeistaktivitäten im Haus angefangen. Bücher flogen durch die Luft, als ob sie jemand voller Wut weggeschleudert hätte. Ich fand schnell heraus, dass die unterdrückte emotionale Energie des Vaters sich in diesem Phänomen entlud. Nachdem ich weiter an seinem emotionalen Energiekörper gearbeitet hatte, gelang es mir, die Störung zu stabilisieren und die angestaute Spannung aufzulösen, die die Ursache des Poltergeistes war. Nach dieser Sitzung gab es keine weiteren Vorfälle dieser Art.

Ein junger Mann, der an einem meiner Wochenendseminare teilgenommen hatte, machte eine ähnliche, wenn auch weniger dramatische Erfahrung. Er war nach dem Wochenende begeistert nach Hause zurückgekehrt, um das Gelernte sofort anzuwenden. Es gelang ihm, einige Muster aufzulösen, und überall dort, wo es nötig war, das Gleichgewicht wieder herzustellen. Durch seine Arbeit veränderte er allerdings das energetische Gleichgewicht im Haus (als er versuchte, ein harmonischeres Gleichgewicht herzustellen). Ein paar Tage später rief er mich an, um mir zu berichten, dass er mit einem Freund im Haus gewesen wäre und dass plötzlich die Gläser in einem Schrank hinter ihm angefangen hatten zu klirren und sich zu bewegen, ohne dass dafür eine Ursache ersichtlich gewesen wäre. Schließlich flog ein Glas aus dem Schrank und traf ihn am Kopf. Sein Freund war außer sich. Ich fand heraus, dass er durch seine Bemühungen, ein harmonisches Gleichgewicht herzustellen, eine Menge Spannungen gelöst hatte, die in der Umgebung gespeichert waren. Wir versuchten nicht, den Grund dafür herauszufinden, der in einer emotionalen Störung der vorherigen Besitzer oder Bewohner oder in Koori-Energie oder einem Trauma gelegen haben könnte, das im Bewusstsein des Landes selbst gespeichert war. Durch weiteres Dowsing und Zuführung von konzentrierter Energie konnte das Muster bald aufgelöst werden und das Phänomen ereignete sich fortan nicht mehr.

Interessanterweise spielt sich das Poltergeistphänomen häufig in der Nähe von Mädchen ab, die sich in der Pubertät befinden, und seltener bei pubertierenden Jungen. Emotionaler Aufruhr und die Unfähigkeit, diesen, aus welchem Grund auch immer, auszudrücken, kann zum Poltergeistphänomen führen. Kümmert man sich um den emotionalen Stress, ganz gleich, worin dessen Ursachen liegen mögen (möglicherweise in der Energie eines Verstorbenen), wird das Phänomen verschwinden und nicht wiederkehren. Aber so lange noch derart aufgeladene Energie in die Umgebung abgegeben wird, werden die Poltergeistaktivitäten weitergehen. Solange diejenigen, die dieses Phänomen beobachten, nur mit Unverständnis und Angst reagieren, wird es sich nicht auflösen lassen.

10

Dowsing in Wohn- und Geschäftshäusern

Umweltfaktoren

*B*ei der Planung eines Gebäudes gibt es zahlreiche Umweltfaktoren, die in Betracht gezogen werden müssen. Manche sind ganz offensichtlich, andere dringen erst jetzt langsam in das westliche Bewusstsein. Aufgrund des bei uns wachsenden Interesses, im Einklang mit der Umwelt zu bauen, wird die chinesische Ökokunst des Feng Shui im Westen immer beliebter. Zwar ist alles, was das Bewusstsein für ein harmonisches Zusammenleben schärft, wertvoll, aber wenn wir uns dem Glaubenssystem einer anderen Kultur verschreiben, ersetzen wir unsere alten Probleme lediglich durch neue. Neben den nützlichen Informationen, die heute unter dem Oberbegriff Feng Shui vermarktet werden, findet sich auch eine Menge Aberglauben. Bei seinem Versuch, sich selbst besser kennen zu lernen, wendet sich der nimmersatte westliche Verstand von seinem eigenen

Glaubenssystem ab und erforscht das östliche Gedankengut in der Hoffnung, dort die Antwort zu finden. Aber wenn wir diese anderen Kulturen etwas objektiver betrachten, erkennen wir, warum sie sich auf ihre eigene besondere Weise entwickelt haben. Und wir können auch sehen, dass sie ihre eigenen Probleme haben und der wahren Antwort keinen Schritt näher sind als wir. Warum sollten wir unsere Aufmerksamkeit dann überhaupt auf die spirituellen oder philosophischen Systeme anderer Kulturen richten?

Obwohl viele der großen spirituellen und philosophischen Werke uns darauf hinweisen, dass die Antwort in uns selbst liegt, ignorieren wir diesen Rat meistens und suchen die Antwort nicht nur in der Außenwelt vor unserer eigenen Haustür, sondern besonders vor den Haustüren anderer, exotischerer Kulturen. Wer sich an die Strohhalme anderer Kulturen klammert, wird vielleicht sein Wissen erweitern, aber langfristig nicht weiser werden. Dennoch gibt es viel vom Feng Shui zu lernen, dessen Wissensschatz wir uns zunutze machen können, um unser Wohlbefinden zu verbessern. Aber Feng Shui wird mit Sicherheit nicht alle unsere Probleme lösen können. Wir müssen erkennen, dass unsere Probleme (falls wir wirklich welche haben!) in uns selbst liegen, dass wir in einem gewissen Sinn unsere Probleme sind und dass sie das Ergebnis dessen sind, für was und wen wir uns halten - einschließlich unseres Karmas. Nur wir selbst können unsere eigenen Probleme lösen und unsere Wirklichkeit verändern. Wohin wir unser Bett stellen oder wo wir die Küche planen, sind nur kosmetische Übungen, solange wir nicht erkennen, worin das Problem wirklich besteht.

Stresslinien

In Deutschland gibt es ein Institut für Baubiologie und –ökologie, das sich dem umweltbewussten Bauen verschrieben hat. Ganz oben auf seiner Liste steht: „Konsultieren Sie einen Dowser!" Bevor man etwas kauft, plant oder baut ist es notwendig, sich ein genaues Bild vom Land zu verschaffen. Da manche Orte den Zwecken eines Gebäudes förderlich sein, andere aber nur unnötigen Stress hervorrufen werden, ist es nützlich zu wissen, ob an den betreffenden Stellen geopathischer Stress vorhanden ist. Wenn Sie auf einem gestörten Stück Land bauen, können Sie getrost davon ausgehen, dass sich der Stress früher oder später in Ihrem Leben zeigen wird. Wenn Sie in der Nähe einer Hochspannungsleitung bauen und entdecken, dass Sie selbst oder ein Familienmitglied sehr stark auf ein solches Energiefeld reagiert und krank wird, wäre es doch besser gewesen, wenn Sie diese Information vorher gehabt hätten, oder? Wenn Sie wissen, dass auf dem Land, das Sie kaufen möchten, eine alte Begräbnisstätte liegt, würden Sie dann immer noch gern dort leben?

Zu den Energielinien, die den Planeten kreuz und quer durchziehen, gehören in Australien viele, die auf das Bewusstsein der Koori zurückzuführen sind. Manche dieser Linien verbinden heilige Plätze, andere sind für bestimmte Gruppen zu bestimmten Zeiten des Jahres regelmäßig begangene Pfade; wieder andere sind Energielinien, die die Integrität des Landes aufrechterhalten. Wenn diese Linien durch ein Haus oder ein Grundstück verlaufen, können die dortigen Bewohner die in diesen Linien enthaltene Energie zuzeiten fühlen.

Hellsichtige Menschen können manchmal Gestalten entlang dieser Energielinien laufen sehen. Andere, die weniger begabt sind, spüren, dass sich etwas durch das Zimmer bewegt. Dieses Gefühl kann natürlich sehr beunruhigend sein, besonders dann, wenn eine solche Linie quer durch das Schlafzimmer verläuft. Daher ist es immer gut zu wissen, was hier eigentlich vor sich geht. Häufig ist es nämlich durchaus möglich, harmonisch mit diesen Energiemustern zusammenzuleben. Für besonders empfindsame oder ängstliche Menschen wäre es aber wohl besser, gar nicht erst an einem solchen Ort zu bauen.

Bei der Arbeit mit metaphysischen Störungen ist mir aufgefallen, dass sich die Energielinie wie eine Angelschnur, die aufgerollt wird, zurückzieht, wenn das Muster aufgelöst und die Harmonie der Umgebung wieder hergestellt wird. Wenn ich eine solche gestörte Energielinie aufgespürt habe, kann ich sie bis zu einem Punkt zurückverfolgen, an dem sie in der dreidimensionalen Realität von Zeit und Raum verankert ist. Wenn ich mich auf diesen Ankerpunkt stelle und es der heilenden Energie ermögliche, in das gestörte Muster zu fließen, nimmt die Frequenz des Energiemusters zu. Wenn die Frequenz der Energie „bereit zum Abheben ist", das heißt, wenn sie auf einer so hohen Frequenz schwingt, dass sie nicht länger an ein verdichtetes Muster niedriger Frequenz gebunden sein kann, beginnt sich die bisher eng zusammengepresste Spirale (das Zentrum des gestörten Musters) zu dekomprimieren.

Das kann überprüft werden, indem man über dem Zentrum des Energiemusters pendelt, dies ein paar Minuten später wiederholt und nach ein paar Minuten dann noch einmal tut. Die Spirale dekomprimiert sich nicht nur, sie zieht sich auch auf einer genauen Bahn aus dem Haus oder von dem Land zurück, an das sie gebunden war. Wenn sich das Energiemuster aus der Umgebung zurückzieht, wird die Lebenskraft Qi freigesetzt, die nun ungehindert durchs Haus fließen kann und dessen energetische Frequenz erhöht. Der Rückzug kann unter Umständen sehr dramatisch sein, je nach der Stärke des problemverursachenden Energiemusters.

Jetzige und ehemalige Bewohner

Beim Überprüfen eines Hauses auf energetische Störungen, gibt es verschiedene Kategorien metaphysischer Art zu berücksichtigen. Zuerst frage ich aber immer, ob die gestörten Bereiche durch die gegenwärtigen Bewohner verursacht werden oder wurden. Starke Negativität, emotionale Unausgeglichenheit, Angst, Wut oder Depression können nämlich stets auf einen Verursacher zurückgeführt werden. Ist tatsächlich ein Bewohner des Hauses oder ein Besucher für die gestörten Muster verantwortlich, müssen nicht nur die betreffenden Muster aufgelöst werden, sondern auch die dafür Verantwortlichen informiert und so weit wie möglich ins Gleichgewicht gebracht werden, damit sie nicht auch weiterhin diese störenden Muster erzeugen. Wenn die Betreffenden erkennen, was sie tun und wie es sich auf ihre Umgebung auswirkt, sind sie eher bereit, sich und ihr Verhalten zu ändern. Natürlich kann die wirkliche Motivation nur von innen heraus kommen und nicht von außen aufoktroyiert werden.

Nachdem ich mir die gestörten Bereiche angeschaut habe, für die die jetzigen Bewohner des betreffenden Hauses verantwortlich sind, wende ich mich den vorherigen

Bewohnern und deren Freunden und Verwandten zu. Ich möchte hier anmerken, dass eine Störung, die in der Vergangenheit erschaffen wurde, mit hoher Wahrscheinlichkeit nicht wieder auftreten wird, nachdem sie einmal aufgelöst wurde. Da die Energie, die es dort ursprünglich etabliert und aufrechterhalten hatte, nicht mehr zur Verfügung steht, wird das Muster zu seinem Ursprung zurückkehren. Ist aber die für die Störung verantwortliche Person noch am Leben und aus irgendeinem Grund immer noch auf den betreffenden Ort fixiert, ist es möglich (allerdings nicht sehr wahrscheinlich), dass die energetische Störung wieder auftritt. So war zum Beispiel auf ein Haus in Melbourne die Wut und Verzweiflung der Vorbesitzer gerichtet, die das Haus aufgrund einer Notlage weit unter Wert verkaufen mussten. Die negative Energie wurde zwar aufgelöst, kehrte aber eine Woche später zurück. In diesem Fall war es die Stärke der Gefühle, die gemeinsam mit der Tatsache, dass die Vorbesitzer noch lebten und immer noch wütend waren, dafür sorgte, dass sich das negative Muster wieder etablieren konnte.

Wenn ein von einem Vorbesitzer stammendes Muster aufgelöst wird, ist es möglich, es bei seiner Rückkehr zu seinem Ursprung zurückzuverfolgen. Diese Art von Energie strömt immer durch die Zimmer und Flure des Hauses und verlässt dieses schließlich durch die Vorder- oder Hintertür. Handelt es sich allerdings um Energiemuster, die bereits vor dem Bau des Gebäudes etabliert wurden (in Australien zum Beispiel durch Koori oder frühe Siedler), können die Energielinien durch Wände oder Fenster fließen, da das Gebäude im Bewusstsein der Verursacher noch nicht existiert hatte.

Hiroshi Motoyama führt in seinem Buch „Karma and Reincarnation" ein in diesem Zusammenhang interessantes Beispiel an.[1] Motoyama, ein Mönch mit beachtlichen spirituellen Kräften, ist in der Lage, Zugang zu Orten in Raum und Zeit zu finden, von denen die meisten von uns nicht einmal etwas ahnen. Das folgende Beispiel soll diesen Punkt näher erläutern. Motoyamas Schrein und Tempel befinden sich auf einem Grundstück, das an einen herrlichen Park in Tokio grenzt. Eines Tages entdeckte er eine sehr alte Seele, die den Ort bewachte. Als er sich in den tiefen meditativen Zustand des Samadhi begab, entdeckte Motoyama, dass der Platz, an dem heute der Schrein steht, vor 3500 Jahren Heimat eines mächtigen Clanführers war. Es hatte den Anschein, als ob der Kriegsherr der damaligen Zeit auf einer höheren astralen Ebene seine Realität wiedererschaffen hatte, in der er nun immer und immer wieder lebte. Das entstandene Energiemuster hatte sich wie eine Glocke über die Umgebung gelegt und beeinflusste die Gegenwart. Die Bewohner der Tempelanlage wähnten sich in einem wunderschönen Teil einer japanischen Großstadt, aber der Clanführer lebte immer noch in der unberührten, natürlichen Umgebung, die vor 3500 Jahren seine Realität gewesen war.

Diese Geschichte illustriert die entscheidende Rolle, die das Bewusstsein eines Menschen bei der Erschaffung eines Energiemusters spielt, und wie sehr es an dieses Muster gebunden sein kann. Jeder von uns hinterlässt im Lauf seines Lebens energetische Spuren, die je nach der Intensität der Gefühle und den Fähigkeiten des Dowsers aufgespürt werden können. Die meisten dieser Spuren sind so fein und subtil, dass sie sich schließlich in Nichts auflösen. Mir geht

---

[1] Hiroshi Motoyama: „Karma and Reincarnation. The Key to Spiritual Evolution and Enlightenment", Piatkus 2000

es hier aber um die stärker aufgeladenen Spuren, die wir als Störungen in der Umgebung wahrnehmen. Schließlich werden wir von diesen Energien beeinflusst, auch wenn wir uns ihrer bisher nicht bewusst waren. Aber nun nimmt die Welt des Unsichtbaren Form an. Wenn wir sie ohne Angst sehen können, kann sie uns nicht mehr kontrollieren. Es ist unser wachsendes Verständnis der natürlichen Welt, das uns befreien wird.

Ein weiteres Beispiel aus Australien ist die ehemalige Sträflingskolonie von Port Arthur in Tasmanien. Viele Menschen, die das alte Gefängnis besichtigen, waren durch die negative Energie des Ortes aufgewühlt und konnten es kaum erwarten, ihn wieder zu verlassen. Der unglaubliche emotionale Stress, die Verzweiflung, Angst und Wut der dorthin verbannten Sträflinge löste sich nach der Aufgabe des Gefängnisses nicht einfach in Luft auf, sondern steckt auch heute noch in den Gebäuden und im Land selbst. Möglicherweise hat diese starke Energie bei dem Massaker, das dort vor einigen Jahren begangen wurde, eine Rolle gespielt.

Störungen des Gleichgewichts

Ein weiterer wichtiger Aspekt, der sich auf die Umgebung und das Fließen der Lebenskraft Qi auswirkt, ist etwas, das ich als gestörtes Naturbewusstsein bezeichne und das sich durch Dowsing als gestörtes Gleichgewicht zwischen den Yin- und Yang-Aspekten eines Energiefeldes feststellen lässt. Zu viel Yang ("aktive" Energie) führt zu Hyperaktivität, zur Unfähigkeit, sich zu entspannen, zu erhöhter nervöser Anspannung oder ständiger Übermüdung. Am anderen

Ende des Spektrums finden wir einen Überschuss an Yin-Energie, was weitaus häufiger vorkommt. Starkes Yin erzeugt ein ungesundes Umfeld, das sich dadurch auszeichnet, dass die in ihm Lebenden keine oder nur wenig Motivation haben, überhaupt irgendetwas zu tun. Als Folge der erschöpfenden Wirkung des übermäßigen Yin wird das Immunsystem im Mitleidenschaft gezogen, so dass gesundheitliche Probleme an diesen Orten deutlich zunehmen.

Generell liegen einem Ungleichgewicht zwischen Yin- und Yang-Energie geophysikalische Ursachen zugrunde. Unsere Technologie mit ihrer elektromagnetischen und Mikrowellenstrahlung verursacht in Gebäuden meistens übermäßige Yang-Energie, wohingegen Störungen eher metaphysischer Natur für ein Übermaß an Yin-Energie verantwortlich sind. Nachdem ich in mehreren Hundert Gebäuden gearbeitet habe, kann ich sagen, dass ich jedes Mal, wenn ich eine negative Energiespur entdeckt hatte, auch ein dementsprechendes Absinken der Yang-Energie im Gebäude feststellen konnte. Es scheint, als ob gestörte Bereiche Energie aus der Umgebung abziehen, um ihre Existenz aufrechtzuerhalten.

Bestimmte Gebäude ziehen große Mengen Energie aus besonders stark aufgeladenen Orten ab. Diese Orte mit hoher Energiekonzentration werden vom Dowser als sich ausdehnende Spiralen wahrgenommen – im Gegensatz zu den sich zusammenziehenden Spiralen gestörter Energiemuster. Bei mehreren Gelegenheiten habe ich festgestellt, dass das Energieniveau eines Zimmers, in dem sich die Störung befand, zu einem natürlichen, hochenergetischen Zustand zurückfand, nachdem das störende Muster aufgelöst wurde. Es scheint fast, als ob sich das störende Muster der stark aufgeladenen Energiequelle bewusst wäre und sich aus ihr nährt. Je mehr gestörte Muster es in einem Gebäude gibt und je größer die Intensität dieser Muster ist, desto höher wird der Yin-Faktor sein. Ein hoher Yin-Faktor bedeutet aber, dass die Umgebung auf alle, die in ihr leben, einen erschöpfenden Einfluss hat. Übermäßig hohe Yin-Faktoren sind Gift für Geschäfte, wohingegen ein hoher Yang-Faktor geschäftlichen Erfolg verspricht.

Die Rolle des Bewusstseins

Ich bin in vielen Häusern gewesen, in die kein Qi hinein floss; in manchen kam es nicht einmal bis aufs Grundstück. In vielen dieser Fälle war es ein Energiefeld, das das Qi daran hinderte, ungehindert zu fließen. Manche dieser Energiefelder entstehen aufgrund des starken Drucks in Verwerfungszonen, aber das ist eher selten der Fall. In anderen Fällen sind Gegenstände, die einen besonders starken negativen Einfluss auf ihre Umgebung haben, oder die Bewohner selbst dafür verantwortlich. Ein Mensch, der körperlich oder emotional viel Leid erfahren hat, umgibt sich meistens mit einer Art Schutzmauer, um nicht noch einmal verletzt zu werden. Eine solche Mauer kann sich auf das ganze Haus ausdehnen und wird nicht nur die unerwünschten Energien fernhalten, sondern auch die positive, lebensspendende Energie.

Meistens lässt sich die Ursache für eine derartig massive Störung allerdings im Bewusstsein des Landes selbst finden, in seinem Geist, der aus verschiedenen Gründen durchaus in Mitleidenschaft gezogen werden kann. Offensichtliche Gründe für einen solchen Zustand sind vor allem mangelnde Sensibilität der Menschen in ihrem Umgang mit dem Land. Massive Erdarbeiten wirken sich ebenso negativ auf die Energiemuster der Erde aus wie dies Dämme, Städte, Bahnlinien, Hochspannungsleitungen und ähnliches tun. Zu den natürlichen Störungen gehören Erdbeben, tektonische Plattenbewegungen, vulkanische Aktivitäten und geologische Verwerfungszonen. Außer diesen physikalischen Aspekten gibt es aber noch andere Energien, die sich auf die Umwelt auswirken. Ich habe ja bereits über metaphysische Störungen gesprochen und gezeigt, wie diese sich auf die Menschen auswirken können, die in den betroffenen Gebieten leben. Wenn man sich klarmacht, wie stark sich metaphysische Störungen auf den Fluss der Qi-Energie auswirken und wie „erleichtert" ein Gebiet reagiert, wenn das störende Muster aufgelöst wird, kann man leicht verstehen, dass auch das Land insgesamt von solchen Faktoren beeinflusst werden kann.

Man kann den Stress, den das Land erlebt, durchaus mit dem Stress vergleichen, unter dem wir Menschen leiden. Wenn ein Mensch eine traumatische Erfahrung macht, ohne dass diese angemessen verarbeitet wird, kann das Trauma noch jahrelang einen negativen Einfluss auf ihn haben. Das trifft besonders dann zu, wenn der Betroffene nicht in der Lage war, den Schmerz und den Kummer, den dieses Ereignis in ihm auslöste, angemessen auszudrücken. Alice Walker schreibt in „Die Befreiung des inneren Kindes"[2]: „Nicht die Traumata unserer Kindheit machen uns emotional krank, sondern die Unfähigkeit, diese Traumata auszudrücken." Häufig wird das Erlebnis einfach verdrängt und wirkt sich auf die eine oder andere Weise noch jahrelang

---

[2] In „Die Befreiung des inneren Kindes" herausgegeben von Jeremiah Abrams, Scherz Verlag 1993

auf die betroffene Person aus. Auch die Erde kann Traumata speichern. Ein schlimmes Ereignis – gleich, ob sich dieses auf der physischen, der emotionalen, mentalen oder spirituellen Ebene abspielt –hinterlässt einen Eindruck im feinstofflichen Energiefeld der Erde. Hat dieser Eindruck genug Energie oder wird die Störung weiterhin aufrechterhalten, wird das betreffende Gebiet stärker und länger traumatisiert. Das ist zum Beispiel in Ländern zu beobachten, in denen es Stätten gibt, an denen Menschen geopfert, gefoltert oder hingerichtet werden oder wurden. Angst und Leid der betroffenen Menschen erzeugen eine ganz bestimmte Schwingung, die alle angrenzenden Energiefelder stört. Je mehr solcher Emotionen in einer bestimmten Gegend ausgedrückt werden, desto wahrscheinlicher ist es, dass die Erde diese gestörten Frequenzen speichern wird.

Elementarenergien

Interessant ist, dass in den Gebieten, in denen ein massives Trauma im Land selbst gespeichert wurde, keine Elementarenergien (Feen, Elfen, Kobolde oder Engel) mehr anwesend sind, die normalerweise Teil einer natürlichen Umgebung sind. Ob man die Existenz solcher Elementarenergien nun akzeptiert oder nicht, muss jeder für sich selbst entscheiden, aber viele Menschen, mit denen ich gesprochen habe, haben tatsächlich derartige Energien beobachtet. Andere streiten deren Existenz ab – meistens allerdings, weil sie noch nie welche gesehen haben. Immerhin gibt es in unserer westlichen Kultur das Sprichwort: „Das glaube ich, wenn ich es sehe!" Wayne Dyer hat diesen Spruch etwas umformuliert und kommt damit meiner Meinung nach der Wahrheit näher: „Wenn du es glaubst, siehst du es!"[3] Madame Curie konnte die Radioaktivität nicht sehen, mit der sie arbeitete, obwohl sie wusste, dass dort irgendetwas war. Bedauerlicherweise forderte die Energie, die sie nicht sehen und nur ansatzweise verstehen konnte, schließlich ihr Leben.

In den Gebieten, in denen der Geist des Landes beschädigt wurde, hängt eine Art Nebel über dem Land, der aus Schwingungen niedrigerer Frequenzen besteht und ein träges Energiefeld erzeugt. Dieses Feld verhindert nicht nur, dass das Qi ungehindert und harmonisch durch das Land fließen kann, sondern vertreibt auch die Energiewesen einer höheren, feineren Frequenz, zu denen Feen, Elfen, Devas, Kobolde und Engel gehören.

Für Menschen hat dies ähnliche Auswirkungen wie dies in dem Nachtklub der Fall war, von dem ich bereits berichtete. Ein sensibler Mensch kann in eine solchen Umgebung nicht leben, ohne davon negativ beeinflusst zu werden, da die Energie zu störend ist und bei allen, die sich in ihrem Einflussbereich aufhalten, Spannung und

Unausgewogenheit erzeugt. Überall dort, wo das Bewusstsein des Landes in Mitleidenschaft gezogen wurde, werden andere Energiefelder – seien sie nun menschlich oder nicht – beeinträchtigt. Je sensibler ein Wesen ist, desto stärker wird es die Störung wahrnehmen. Folglich sind Elementarenergien, die ja besonders feinfühlig sind, die Ersten, die den negativen Einfluss eines gestörten Gebietes spüren. In besonders dramatischen Fällen habe ich die vollständige Abwesenheit von Elementarenergien feststellen müssen. Die Erde schreit an diesen Stellen

---

[3] Wayne Dyer: „Wirkliche Wunder. Wie man scheinbar Unmögliches vollbringt", Rowohlt 1995

um Hilfe. Erst wenn das Gleichgewicht wieder hergestellt ist, können die Elementarenergien zurückkehren. Heute werden sich immer mehr nicht ganz so sensible Wesen – wir Menschen zum Beispiel - störender Energiefelder bewusst. Aber ohne Verständnis für die Ursachen dieser Störungen verstärken die Ängste der Beteiligten die Macht des Nebels nur noch, so dass sie die Störung aufrechterhalten, statt zur Heilung der Umwelt beizutragen.

Derartige Störungen können sich auf ein einzelnes Haus beschränken oder sich auf eine ganze Nachbarschaft ausdehnen. Die Folge kann eine Schwächung der körperlichen, emotionalen, mentalen, spirituellen, ja sogar der finanziellen Energie sein. Je mehr wir uns der Existenz derartiger Energiefelder bewusst werden, desto mehr werden wir in der Lage sein, die Harmonie wieder herzustellen. Da viele der Faktoren, die in der Vergangenheit Störungen erzeugt haben, diesen heute glücklicherweise keine Energie mehr zuführen, können diese Gebiete relativ leicht geklärt werden. Hinterher ist der Unterschied deutlich spürbar.

Ich begegnete einmal einer dieser Störungen, als ich in einem Haus im Hinterland der Sunshine Coast arbeitete. Meine Klienten hatten das Gelände drei Jahre vorher gekauft, waren aber erst kürzlich mit dem Haus fertig geworden. Obwohl sie das Land liebten, gab es einige Dinge, die für meine Klienten ziemlich unangenehm waren. Allerdings konnten sie ihre Gefühle nicht angemessen in Worte fassen. Als ich mich auf die Ursachen einstimmte, spürte ich, dass die jetzigen Besitzer irgendeine ungeklärte Sache mit den Ureinwohnern dieses Gebiets hatten, und dass dadurch ein ziemlicher Stress im Land entstanden war. Kaum hatte ich dies gedacht, als plötzlich ein Windstoß durchs Haus fegte und überall die Türen zuschlug. (Ich arbeite zulange auf diesem Gebiet, um so etwas für bloßen Zufall zu halten!)

Nachdem ich Energie auf das gestörte Muster konzentriert hatte, spürte ich, dass es aufgelöst wurde. Diesem Gefühl folgte sofort das Bild einer Feier der Ureinwohner, einem Corroboree. Zwar gab es noch einige weitere Bereiche, die meine Aufmerksamkeit erforderten, aber sie konnten aufgelöst werden, ohne dass ich wieder eine Gänsehaut bekam. Als ich später am Nachmittag im Büro des Mannes an der Küste arbeitete, kam ein Anruf von seiner Frau, die sich immer noch im Haus befand. Sie erzählte, dass Tausende von Vögeln um ihr 25 Hektar großes Land herumflogen. Etwas Derartiges war noch nie vorgekommen und geschah meines Wissens auch nie wieder. Da ich um die enge Verbundenheit allen Lebens weiß, konnte ich wohl kaum annehmen, dass dies zufällig geschehen war. Sobald die Harmonie in einem Gebiet wieder hergestellt ist, weiß alles Lebende davon. Oder wie es im Modell von Indras Netz ausgedrückt wird: „Wenn das Licht auf eine Perle scheint, wissen alle anderen Perlen sofort davon." Die Vögel, die ja genau wie wir ein Teil des Holoversums sind, wussten, dass die Harmonie wieder hergestellt worden war, und waren gekommen, um dies zu feiern.

Als ich einmal in einem Motel arbeitete, das von einer Vielzahl von Problemen geplagt war, stellte ich eine starke Störung fest, die ihren Ursprung im Restaurant hatte und sich kalt und irgendwie böse anfühlte. Die jungen Mitarbeiter vermieden es möglichst, nach Einbruch der Dunkelheit allein dort zu sein, weil sie meinten, es spuke dort. Allerdings war dort kein Gespenst, sondern nur ein gestörtes Energiemuster im Bewusstsein des Landes. Als dieses aufgelöst war, lief das Geschäft schlagartig besser.

Eine Tankstelle, die über schlechten Umsatz klagte, hatte ein ähnliches Problem in einem der Schuppen hinter den Zapfsäulen. Kaum war dies aufgelöst, stieg der Umsatz. Ein Hotel, das ständig tiefrote Zahlen schrieb, hatte eine schwere energetische Störung auf seinem Gelände. Als das Gleichgewicht wieder hergestellt worden war, steigen die Einnahmen erheblich an.

Alles Leben wird von derartigen Energien beeinflusst, ob wir uns dessen nun bewusst sind oder nicht. Es sind ja nicht nur die Elementarenergien, die die Schwere eines gestörten Umfeldes spüren. Alles Leben leidet darunter, denn wir alle sind miteinander verbunden und letzten Endes eins.

11

Dowsing im Interesse persönlichen Wachstums

Das Auflösen persönlicher Muster

Im ersten Kapitel untersuchte ich die verschiedenen feinstofflichen Körper, die zur physischen Welt gehören, und erklärte, welche Rolle sie – durch die Chakren - dabei spielen, höhere Frequenzen zu empfangen und zu senden. Wenn wir mit der L-Rute diese Energiefelder überprüfen, entdecken wir Bereiche, in denen Blockaden oder Widerstände entweder in den feinstofflichen oder im grobstofflichen Körper vorhanden sind. Mit Hilfe des Pendels können wir dann herausfinden, in welchem der feinstofflichen Körper die Blockade genau lokalisiert ist. Diese Muster weisen immer auf Stress hin, der sich entweder bereits manifestiert hat oder dies in Zukunft tun wird. Blockaden und Widerstände – besonders die in den feinstofflichen Körpern – haben immer schädliche Auswirkungen auf den Menschen. Allein die Tatsache, dass sie überhaupt existieren, ist dem

Wohlbefinden des Betreffenden bereits abträglich. Wenn wir in den feinstofflichen Körpern ein ausgeglichenes Energiemuster aufrechterhalten, verringert sich die Chance, dass körperliche Erkrankungen entstehen können. Aber je länger schädliche Muster in den feinstofflichen Körpern verbleiben, desto wahrscheinlicher ist es, dass sie sich auf der körperlichen Ebene als Krankheit manifestieren werden.

Die Muster sind an das Bewusstsein einer Person durch deren Bindung an ihre Erinnerungen gebunden. Längst vergangene Ereignisse mögen sich noch frisch im Gedächtnis befinden, sie können aber auch so schmerzhaft sein, dass das Bewusstsein die Erinnerung daran unterdrückt. Existiert eine solche verdrängte Erinnerung schon sehr lange, ohne dass eine Lösung für das Problem gefunden wurde, baut sich eine extrem starke Spannung auf.

Wenn wir mit diesen Mustern arbeiten, kommt es vor, dass entweder der Klient oder der Dowser ein inneres Bild sieht oder etwas fühlt, das in engem Zusammenhang mit der Störung steht, an der gerade gearbeitet wird. Da aber manche Muster zu schmerzhaft sind, um sofort verarbeitet zu werden, kann „Heilung" in diesen Fällen nur geschehen, indem das Muster Schicht um Schicht allmählich aufgelöst wird. Bei jeder neuen Schicht, die aufgedeckt wird, kommt dann die eigentliche Ursache näher an die Oberfläche. Da es ohne die verwirrenden Muster, die die Wahrnehmung eines Menschen verzerren, leichter wird, Zugang zu ursächlichen Zusammenhängen zu finden, wird es dem Klienten auf diese Weise ermöglicht, auf einer ganz fundamentalen Ebene Heilung zu finden.

Die Auflösung von Stress

Ich möchte hier betonen, dass ich nicht heile. Ich fördere die Heilung und habe möglicherweise eine wichtige Unterstützungsfunktion im Heilungsprozess, aber ich selbst heile nicht. Ich kann niemanden dazu bringen, gespeicherte Erinnerungen loszulassen, wenn er dazu nicht bereit ist. Ich bin auch nicht in der Lage, das Karma eines Menschen aufzulösen, der tief im Sumpf einer verwirrten Realität versunken ist. Aber, wie ich schon sagte, kann ich auf einen Punkt hinarbeiten, an dem der Klient bereit sein wird, sich die eigentlichen Ursachen anzuschauen, dadurch zu erkennen, welche Rolle karmische Einflüsse spielen und diese loszulassen.

Wo immer die Umgebung gestört ist – ganz gleich, auf welche Weise -, wird sich der dort vorhandene Stress auf unsere Körper auswirken. Wenn wir uns zu lange in einer gestressten Umgebung aufhalten, werden wir in zunehmenden Maß von diesem Stress negativ beeinflusst. Aber ganz gleich, ob in unserem Umfeld Stress bereits existiert oder nicht, erzeugen wir selbst immer wieder Stress, der sich dann auf unser Umfeld auswirkt und von dort auf uns und andere Menschen zurückgeworfen wird.

Ich möchte im Folgenden mögliche Ursachen für Stress untersuchen, für die wir persönlich verantwortlich sind.

Der Stress der Erinnerung

Wir sind tatsächlich Energiekörper, die so formbar sind wie Ton in den Händen einer Töpferin (in unserem Fall in den Händen des höheren Selbst und unserer mentalen und emotionalen Energien). Je mehr wir dieses Konzept verstehen, desto leichter wird es für uns sein, ein gewisses Maß an Kontrolle über die Realität zu gewinnen, die sich durch unsere physischen Körper ausdrückt.

Ich habe bereits gezeigt, dass der physische Körper die Manifestation der in der DNS gespeicherten Informationen ist. Dazu gehören karmische Muster und alle Informationen, die durch die feinstofflichen Körper empfangen und gesendet werden. Herrscht in einem dieser Systeme (DNS, Karma, feinstoffliche Körper) ein Missklang, wird es früher oder später auf der körperlichen Ebene zu Krankheiten, zu emotionaler und mentaler Disharmonie kommen.

Als physische Wesen funktionieren wir durch unsere Erinnerungen. Jede Zelle basiert auf Erinnerungen und reproduziert sich aufgrund der in der DNS gespeicherten Erinnerungen. Da wir einen physischen Körper besitzen, durch den wir das Leben auf der Erde erfahren, können unsere Erfahrungen nicht von den Erinnerungen der DNS getrennt werden. Im Lauf unseres Lebens sammeln wir Erinnerungen an Erfahrungen und speichern sie. Auf diese Weise erschaffen wir uns eine auf diesen Erinnerungen basierende Zukunft.

Die Tatsache, dass viele Erinnerungen weit über das hinausgehen, was wir in diesem Leben erfahren haben, unterstützt das Konzept mehrfacher Leben und weist darauf hin, dass es eine Kontinuität des Denkens, des Bewusstseins und der Übertragung von Erinnerungen gibt. Meine persönliche Erfahrung in diesem Bereich war die, dass ich buddhistische Konzepte verstehen und tiefe philosophische Fragen mit buddhistischen Mönchen erörtern konnte, bevor ich überhaupt irgendetwas zu diesen Thema gelesen hatte. Woher kamen diese Informationen? Warum hatte gerade ich sie? Wie ist es möglich, dass ein kleines Kind meisterhaft Klavier spielt? Warum werden manche Menschen krank, wenn wir doch angeblich bei der Geburt alle gleich sind? Warum sind manche Menschen glücklich und andere traurig? Warum sind manche friedfertig und andere aggressiv?

Quelle und Macht der Erinnerung

Es ist äußerst wichtig zu untersuchen, wie wir Zugang zu unseren Erinnerungen finden können, woher diese stammen und auf welche Weise sie die Erfahrungen formen, die wir in diesem Leben machen.

Ich habe bereits erklärt, dass sich das Bewusstsein außerhalb von Zeit und Raum befindet. Das ist wichtig, da dieses Wissen (besser noch, eine direkte Erfahrung dieser Tatsache) Antworten auf Fragen ermöglicht, die sonst nicht beantwortet werden könnten. Mit Rücksicht auf unser begrenztes lineares Verständnis, müssen wir zunächst einmal einen Ausgangspunkt für unsere Entdeckungsreise bestimmen. Für welchen Punkt wir uns auch immer entscheiden mögen, er wird sich irgendwo im Bewusstsein befinden, da nichts außerhalb des Bewusstseins existiert, und er wird uns eine Grundlage sein, von der aus wir ein umfassendes Verständnis gewinnen können.

Wenn wir davon ausgehen, dass sich das Bewusstsein außerhalb von Zeit und Raum befindet, können wir nicht länger von einem Anfang und einem Ende der Schöpfung ausgehen. Es existiert nur immerwährende Wandlung der Form. Energie wird zu Materie, Materie zu Energie. Die Erde hat zu einem gewissen Zeitpunkt wahrscheinlich noch nicht existiert, und sie wird zu einem anderen

Zeitpunkt möglicherweise nicht mehr existieren. Aber die Erde ist nicht der Schöpfer. Die Erde ist nur Trägerin des Schöpferbewusstseins und nährt das Leben, aber sie ist entgegen der landläufigen Meinung sicher nicht das Zentrum des Universums. Und auch wir Bewohner der Erde sind sicherlich nicht die Krone der Schöpfung. Diese arrogante Annahme hat uns im Grunde ohnehin nichts als Ärger eingebracht.

Wenn wir erkennen, dass hinter allem Leben Energie steckt, und dass Energie Bewusstsein ist, und wenn wir wirklich akzeptieren, dass die verschiedenen Arten, die auf diesem Planeten leben, die Realität auf verschiedene Weise wahrnehmen, dann fangen wir an zu begreifen, dass es weit mehr gibt als das, was wir mit unseren Augen sehen können. Bevor ich mit Dowsing anfing und begann, die unsichtbare Welt näher zu erforschen, hatte ich bereits bestimmte Gefühle, die aber aufgrund meines damals begrenzten Verständnisses unerklärbar blieben. Manche von ihnen waren äußerst verwirrend, andere machten mir Angst, einige versetzten mich gar in Panik. Hätte mir damals jemand vorhergesagt, dass ich mich in einer nicht allzu fernen Zukunft mit Dowsing und dem Wesen des Bewusstseins befassen würde, hätte ich nur ungläubig den Kopf geschüttelt. Ich hätte aber nicht darüber gelacht, da es nicht meinem Wesen entspricht, andere auszulachen oder über mein eigenes Potential zu lachen, selbst wenn ich nicht in der Lage bin, es voll und ganz zu erfassen.

Heute sind viele Leute, die noch vor einem Jahr kein Wort mit mir gewechselt hätten, wenn ich ihnen vom Bewusstsein erzählt hätte, offen und bereit, mir zuzuhören. Die Zeiten verändern sich wahrlich. Und die Menschen, die dazu bereit sind, verändern sich ebenfalls. Diese Fähigkeit zur Veränderung ist schon immer die Vorbedingung jeder Evolution gewesen. Das ist auch in unserer Zeit nicht anders. Die Notwendigkeit von Veränderungen und unsere Unfähigkeit, Veränderungen zuzulassen, sind aber die Hauptfaktoren für Krankheiten, Krieg und sozialen Unfrieden. Warum können sich manche Menschen so leicht verändern und warum wehren sich andere so heftig dagegen?

Der Same des Bewusstseins

Der Same des Wachstums ist immer eine Idee; ist der Wunsch, zu erfahren, zu lernen und zu wachsen, zu erforschen und zu erschaffen – wenn auch nicht sofort in physischer Form. Im Universum gibt es unzählige Möglichkeiten zu erfahren und zu wachsen, aber die Erde ist ein ganz besonderer Ort, der als Planet des freien Willens bekannt ist. Da man an diesem Ort vollkommen vergessen kann, wer man eigentlich ist, besteht hier die Chance, sich völlig auf die Dualität einzulassen und einzigartige Aspekte des Lebens kennen zu lernen, die es anderswo nicht gibt. Eine Gefahr, der man auf einem derartig schönen Planeten allerdings ausgesetzt ist, besteht darin, dass man süchtig danach wird und tatsächlich völlig vergisst, wer man in Wirklichkeit ist.

Erinnern wir uns daran, dass das Bewusstsein außerhalb der Zeit (wie wir sie verstehen) existiert und dass es die Grundlage ist, auf der sich das physische Leben manifestiert. In diesem Sinn gleicht das Bewusstsein einer Schnur, auf die Perlen aufgezogen werden. Ohne die Schnur existiert jede Perle ganz für sich allein und ist zwar immer noch schön, aber eben nicht mehr Teil des Ganzen. Ich will damit allerdings nicht andeuten, dass das Bewusstsein linear ist. Im Gegenteil: Es hat weder Anfang noch Ende. In Wirklichkeit ist das Bewusstsein natürlich nicht wie eine Schnur. Es ist einfach! Bewusstsein ist der „kosmische Ozean"; wir schwimmen im Bewusstsein. Alle Materie ist Energie in verschiedener Form und alle Energie ist Bewusstsein. Würde man sagen, dass Gott Bewusstsein ist, dann schwimmen wir in Gott und sind folglich Gott. Die Prinzipien des holographischen Universums – eigentlich, des Holoversums – erläutern dieses Konzept in den wissenschaftlichen Begriffen der impliziten und expliziten Ordnung. Das, was sich manifestiert hat, ist explizit; das, was nicht manifestiert ist, ist implizit. Ob sich Energie nun in physischer Form ausdrückt oder nicht, wirkt sich nicht auf das Bewusstsein aus, das sich hinter Form und Energie verbirgt.

Ein Same ist also eine Idee innerhalb der nicht-manifesten (impliziten) Ordnung, die noch keine physische Form hat. Die Kraft, die diesen Samen auf seiner Suche nach größerem Wissen antreibt, ist das schöpferische Prinzip des Verlangens, das sich für eine physische Existenz in der dreidimensionalen Raumzeit der Erde entschieden hat. Weil sich der Same in der impliziten Ordnung befindet und damit außerhalb von Zeit und Raum existiert, unterliegt sein Eintrittspunkt in die lineare Raumzeit der Erde nicht unseren begrenzten linearen Konzepten. Das bedeutet, dass der Same eine menschliche Existenz im 20. oder im 18. Jahrhundert annehmen kann, aber wenn es dies möchte, kann er dies genauso gut im 2. Jahrhundert oder sogar im 14. Jahrhundert vor Christus tun. Diese Wahlmöglichkeiten scheint es aber nur in den Anfangsphasen des Wunsches nach irdischen Erfahrungen zu geben.

Wenn der Same physische Form annimmt, die man einfach als niedrigere Frequenz ansehen kann, ist die Energie der physischen Ebene zunächst sehr verwirrend und furchteinflössend für ihn. Weil das Physische dem Samen unbekannt ist und weil er die Erinnerung daran verliert, wer und was er war, bevor er physische Form annahm, verliert er sich mehr und mehr im Drama des irdischen Lebens.

Der Same als Form

Während seiner Erfahrungen in einem physischen Körper verliert sich der Same, also der Wesenskern eines Menschen, also immer mehr in diesen Erfahrungen. Er zieht nicht nur Erfahrungen an, sondern erschafft durch sein Verlangen, weiter zu forschen, auch zukünftige Erfahrungen. Daraufhin entstehen energetische Spannungen sowohl im Samen als auch im Körper. Erinnerungen werden in den Zellstrukturen der physischen Form und in den feinstofflichen Körpern gespeichert. Da das Bewusstsein des Samens reine Bewusstheit ist, kennt es weder richtig noch falsch, gut oder schlecht, heiß oder kalt, hell oder dunkel. Es *ist* einfach. Das trifft aber nicht auf seine physischen, emotionalen und mentalen Erfahrungen zu. Diese entwickeln sich aufgrund von Vorlieben und Abneigungen zu Freund- und Feindschaften. Sobald die physische Form seine Funktionen nicht mehr erfüllen kann und stirbt, kann sich der Same seines wahren Wesens erinnern und sich aus der Illusion befreien. Dadurch befreit er sich aber nicht von dem Verlangen, auf dieser Existenzebene weitere Erfahrungen machen zu wollen und sich weiter zu entwickeln. So kann er, wenn er es wünscht, weiterhin Erfahrungen sammeln, wird sich dabei aber immer an sein wahres Wesen erinnern. Der Ausdruck „wenn er es wünscht" weist in diesem Zusammenhang auf seinen freien Willen hin. Die Alternative besteht im Verbleiben im Traumzustand, was den meisten Seelen, die sich verkörpern, aufgrund ihrer emotionalen Bindung an Dinge geschieht, die das Bewusstsein – so lange es sich in einem Körper befindet – als gut oder schlecht, als richtig oder falsch beurteilt. Das sorgt auf jeden Fall dafür, dass dem Samen wieder eine Existenz auf der physischen Ebene aufgezwungen wird.

Emotionale Bindungen sind für den Samen wie ein Magnet, der ihn in die physische Form hineinzieht, in der er dann entweder dieselben Erfahrungen noch einmal machen oder eine andere Rolle spielen kann. Sobald er sich wieder in einer physischen Form befindet, verliert der Same erneut die Erinnerung an sein wahres Wesen. Nun erfährt er eine größere Bandbreite von Gegensätzen, wodurch er immer tiefer in das Spiel des physischen Lebens hineingezogen wird. Seine Erfahrungen erzeugen in ihm immer mehr Spannung, weil sie entweder mehr Licht oder mehr Dunkelheit erzeugen. Für den Samen ist weder das eine richtig, noch das andere falsch, aber die Essenz des Samen wird allmählich in den Hintergrund gedrängt und die physischen, mentalen und emotionalen Aspekte übernehmen die Vorherrschaft.

Same und Erinnerung

Die aus der Dualität entstehenden Spannungen erweitern zwar scheinbar die Wahlmöglichkeiten des Samens, wo und wann er physische Form annehmen will, aber tatsächlich sind diese Wahlmöglichkeiten in sich immer mehr begrenzt und werden in Bezug auf die Erde und auf Zeit und Raum immer linearer. In jeder der Phasen zwischen zwei physischen Gestalten wird der Same durch die Bedürfnisse des Körpers immer mehr in die Dualität und in die Sehnsucht nach immer neuen Erfahrungen hineingezogen, statt sich daran zu erinnern, wer er wirklich ist. Dieses Verlangen erzeugt eine dynamische Spannung, denn einerseits wird ja das Wissen des Samen tatsächlich erweitert, andererseits bindet es den Samen aber immer stärker an seine physische Form. Im Osten wird dieser Spannungszustand, der aufgrund einer Abhängigkeit von der Dualität entsteht, als Karma (das Gesetz von Ursache und Wirkung) bezeichnet. Da der Same sein wahres Selbst vergessen hat und danach strebt, Wut, Macht, Lust, Sinnesfreuden, Armut, Sklaverei oder Freiheit zu erfahren und ein Leben als Krieger oder Ritter, als Jungfrau, Priesterin oder Hexe zu führen, sorgt allein das Verlangen nach weiteren Erfahrungen dafür, dass der Same immer wieder physische Form annimmt.

Je mehr Karma der Same ansammelt, desto schwieriger wird es für ihn, sich an sich selbst zu erinnern. Die Spannung bindet ihn an das „Rad", an das Rad des Werdens und Vergehens, an das Rad von Geburt, Leben und Tod (wie es die Buddhisten formulieren). Es ist auch deshalb schwierig für den Samen zu erwachen, weil das gesamte Leben auf der Erde so gestaltet ist, dass dieses Erwachen verhindert wird. Viele Samen, die gegenwärtig auf der Erde inkarniert sind, haben bereits unzählige Erfahrungen in physischer Form hinter sich. Je mehr dieser Erfahrungen sie gemacht haben, desto wirklicher und absoluter scheint ihnen diese Welt zu sein. Erinnerungen, die im Lauf vieler Leben erworben wurden, werden im Geist der Projektion des Samen verankert – im Körper. Wird aus einer Erinnerung ein festes

Muster, dann sind davon alle anderen Realitäten betroffen oder werden gar dadurch erzeugt. Die Art und Weise, wie diese Muster entstehen, wird zu einem der einschränkenden Faktoren, der bestimmt, wann und wo der Same physische Form annehmen kann und welche Erfahrungen diese machen wird.

Entscheidend ist dabei, dass wir in das tatsächliche Erlebnis des Lebens hineingezogen werden, und das Leben nicht von einer Warte des absoluten Wissens um unsere Identität aus erfahren können. Der freie Wille wird durch das Verhältnis des physischen Körpers zu seiner Umwelt und zu anderen Samen bestimmt, die ebenfalls als Menschen verkleidet sind. Würden wir uns daran erinnern, wer wir wirklich sind, dann würden wir uns unseren Mitmenschen gegenüber niemals so verhalten, wie wir es heute tun – und zwar um ihretwillen ebenso wie um unsertwillen. Wir könnten auch den Planeten nicht ausbeuten, wenn wir die symbiotische Beziehung verstehen würden, die wir als physische Wesen mit unserem Planeten haben.

Wachstum erfordert Geduld und Verständnis

Wenn Sie zurzeit nicht fähig sind, diese Informationen zu verarbeiten, sollten Sie einfach ein wenig Geduld mit sich selbst haben. Jeder von uns besitzt in gewissem Maß eine selektive Wahrnehmung. Unsere Bereitschaft, neue Informationen aufzunehmen, hängt zum Teil davon ab, wie sehr wir uns von bestimmten vergangenen Erfahrungen und Erinnerungen angezogen oder abgestoßen fühlen. Dass unser Leben nur siebzig biblische Jahre währen soll, ist nicht nur ein Mythos, sondern auch eine Ausrede, die wir benutzen, um andere Wesen und den Planeten auszunutzen und zu misshandeln. Wir müssen diese einschränkende Sichtweise überwinden, um wirklich die Zukunft sehen zu können – von denen es viele gibt. Wenn wir jetzt die richtigen Entscheidungen treffen, werden wir in der Lage sein, den Weg zur Freiheit zu beschreiten. Aber wenn wir unsere Bindung an unsere Erinnerungen noch verstärken – und zwar ganz gleich, ob es sich dabei um emotionale oder physische Erinnerungen handelt oder gar um solche, die uns anekeln –, werden wir in der Dualität gefangen bleiben und so sicherstellen, dass wir niemals wieder die Einheit des Seins und das wahre Wesen des Selbst erfahren werden.

Das Leben ist wie das Sandkorn, das zu einer Felswand wurde. Aus dem winzigen Samen entfaltet sich ein unglaublich komplexes und kompliziertes Szenario. Der daraus entstehende Film gewinnt ein Eigenleben, so dass wir völlig vergessen, dass wir die Regisseure dieses Films sind und nicht nur die Darsteller. Je mehr wir daran glauben, dass das Sandkorn unser gesamtes Handeln beeinflusst, desto größer wird es werden, und je größer es wird, desto mehr wird es unser gesamtes Handeln beeinflussen und so weiter. Aber wenn wir nur einen Augenblick lang nicht mehr an das Sandkorn, den Felsen, die Felswand oder den Berg glauben würden und zwar unabhängig davon, wie viel Energie wir in der Vergangenheit in diese Idee investiert haben, gäbe es zwei Möglichkeiten. Angenommen, die Energie, die wir in das Sandkorn investiert haben, war wirklich außerordentlich groß, und wir haben unsere Erinnerungen als Spannung in den physischen, emotionalen, mentalen oder spirituellen Körpern gespeichert, dann wird sich diese Spannung in einer Heilungskrise von ungeheuren Ausmaßen entladen müssen, die sogar zum Tod des Körpers führen kann. Denken Sie aber bitte daran, dass es besser ist, das Physische sterben zu lassen, um die Spannung aufzulösen, als diese weiterhin aufrechtzuerhalten. Zumindest wird sich der Same auf diese Weise, wenn er sich das nächste Mal inkarniert, eher daran erinnern, wer und was er ist, und so die Notwendigkeit einer derart extremen Heilungskrise überflüssig machen.

Von der Vergangenheit in die Gegenwart

Die Alternative dazu besteht darin, dass wir aufhören, uns an den Ereignissen festzuklammern, die wir bisher für Realität hielten, und auf diese Weise jetzt erwachen und uns jetzt daran erinnern, wer und was wir sind. Diese zweite Möglichkeit ist nicht nur wünschenswert, sie ist auch möglich. Ich glaube nicht, dass wir unsere Vergangenheit verarbeiten müssen, das heißt, unsere Erinnerungen endlos wiederkäuen und unsere damaligen Erlebnisse wieder erleben müssen, bis wir endlich die Voraussetzungen für eine Heilungskrise geschaffen haben. Das, was wir zu sein glauben, das sind wir.

Ich glaube nicht, dass wir an die Erde gebunden und durch die physische Natur unseres Körpers beschränkt sind. Das Dogma von der körperlichen Beschränktheit ist im Lauf der Jahrhunderte sorgfältig genährt worden, damit wir uns nicht daran erinnern, wie mächtig wir wirklich sind. Eine unbeabsichtigte Nebenwirkung dieses Dogmas ist natürlich, dass wir eine gewaltige Bandbreite von Erfahrungen machen konnten. Zudem haben die Verfechter dieses Dogmas ungewollt die dynamische Spannung erzeugt, die notwendig ist, um den Samen ins Erwachen hinein zu katapultieren.

Tatsächlich ist das Dogma ein zweischneidiges Schwert: Es wurde eingeführt, um den Status quo aufrechtzuerhalten, aber aufgrund seiner Natur ist es genau das Mittel, das der Same braucht, um zu erwachen. Aber keiner von uns ist schon so weit. Es existieren noch immer dermaßen viele „karmische Bindungen" und einschränkende Glaubenssysteme, dass manche Menschen noch glauben, sie müssten ihre Erfahrungen verarbeiten, während andere sogar noch glauben, sie *seien* ihre Erinnerungen.

Erinnerung und Bewusstheit

Bestimmte Erinnerungen, alte ebenso wie neue, bestimmen, für wen oder was wir uns halten. Diese Erinnerungen sorgen aufgrund ihrer Beschaffenheit dafür, dass die damaligen Ereignisse weiterhin lebendig bleiben, und stellen sicher, dass wir uns die nächsten Tausend Jahre damit befassen, sie zu überwinden. Aber was ist denn eigentlich Erinnerung und warum reagieren wir so stark auf bestimmte und ignorieren andere scheinbar völlig?

Während wir Erfahrungen sammeln und uns immer weiter von unserem wahren Selbst entfernen, werden unsere Erfahrungen wirklicher. Je mehr Erinnerungen an Erlebnisse wir anhäufen, desto stärker hängen wir an diesen Erinnerungen – und zwar entweder im positiven oder im negativen Sinn. Daraufhin werden wir immer wieder in dieselben Erfahrungen hineingezogen („vielleicht wird es ja das nächste Mal besser", „vielleicht gelingt es mir beim nächsten Mal"). Wir wollen auch in diesem Zusammenhang - genau wie in unserem Alltag - immer mehr und bekommen nie genug. Das Gefühl, niemals genug zu haben, wird durch unsere falsche Wahrnehmung von dem, was wir eigentlich sind, noch verschlimmert. Könnten wir uns auch nur im Geringsten daran erinnern, wer wir wirklich sind, wären wir immer zufrieden.

Dass wir tatsächlich keine Ahnung haben, wer wir wirklich sind, zeigt sich auch in der Art und Weise, wie wir über andere Menschen und uns selbst urteilen. Wir stecken bis über beide Ohren in diesem Leben und seiner „Realität". Weil wir über andere oder uns selbst urteilen, tragen wir selbst die Verantwortung dafür, wie sehr wir an unseren Erinnerungen hängen oder uns von ihnen abgestoßen fühlen. Heute ist es in Mode gekommen, der Vergangenheit die Schuld an dem zu geben, was wir sind. Ich könnte jetzt schreiben, dass ich eine unglückliche Kindheit in einer funktionsgestörten Familie hatte und dass mein Vater Alkoholiker war, aber schließlich haben wir alle eine gestörte Vergangenheit gehabt. (Übrigens war mein Vater kein Alkoholiker und ich hatte auch keine unglückliche Kindheit.) Jeder von uns war einmal das Opfer von Missbrauch. Und wer es nicht persönlich erlebt hat, der hat es doch durch das kollektive Bewusstsein des kosmischen Ozeans in diesem oder einem anderen Leben mitbekommen. So lange wir glauben, dass wir unsere Erinnerungen sind, werden wir zu Opfern dieser Erinnerungen werden. Das Problem ist einfach unsere Bindung an die Erinnerung. In dem Augenblick, in dem wir die Erinnerung einfach als Teil unserer Vergangenheit und als eine von vielen Lernerfahrungen akzeptieren, und in dem wir uns selbst und den Menschen, denen wir die Schuld daran geben, für diese Erfahrung vergeben, kommen wir dem Wissen um das, was wir wirklich sind, einen Schritt näher.

Die Erinnerungen an unsere Erfahrungen sind die Ursache unseres jetzigen Lebens. Sie sind zwar nicht, was wir sind, aber sie können uns helfen, bessere und bewusstere Samen zu werden. Dann können wir das Bild unseres Lebens neu zeichnen und uns mit einer größeren Wirklichkeit verbinden. Und dann werden wir auch den eigentlichen Wert der unzähligen Erinnerungen verstehen, die wir angesammelt haben, und durch sie wachsen, statt von ihnen eingeschränkt zu werden.

Viele Menschen spielen eine Erinnerung (angenehm oder unangenehm), an die sie durch Schuldgefühle, Wut, Hass, Angst, Lust oder Liebe gebunden sind, wie ein Video immer und immer wieder auf ihrem inneren Fernseher ab. Alle folgenden Erlebnisse bauen dann auf einer angenehmen oder unangenehmen Erinnerung aus der Kindheit auf. So wird aus einem Sandkorn eine Felswand. Wenn wir uns aber aufgrund eines besseren Verständnisses mit dem betreffenden Thema befassen, so lange es sich noch in der Sandkornphase befindet, erhält unser Leben eine völlig neue Bedeutung. Wenn wir uns bewusst werden, dass wir immer wieder dasselbe Video abspielen, werden wir in die Lage versetzt, etwas dagegen zu tun. Zunächst mag es zu schwierig scheinen, das Video aus dem Recorder zu nehmen und es irgendwo sicher zu verwahren, da wir so süchtig nach dem Video sind und so sehr an seinen Wirklichkeitsgehalt glauben, dass wir in uns eine ungeheure Spannung erzeugen.

Häufig sind wir nicht in der Lage, uns an bestimmte Einzelheiten eines Erlebnisses zu erinnern, weil es zu lange zurückliegt oder weil der damit einhergehende Schmerz zu groß ist. In solchen Fällen ist es natürlich schwierig,

Zugang zu der Erinnerung zu finden und aufzudecken, wie sie unser Leben erschaffen hat – ganz davon zu schweigen, die Erinnerung loszulassen. Schließlich sind wir Gewohnheitstiere. Wie und wann wir bestimmte Gewohnheiten erlernt haben, mögen wir vergessen haben, aber folgen tun wir ihnen noch immer. Diese Gewohnheiten sind unsere Schmusedecken, die uns vor dem Unbekannten schützen sollen, oder wie Nelson Mandela sagt, „vor unser eigenen Macht und Herrlichkeit".

Bewusstheit bedeutet Verantwortlichkeit

Wenn wir uns für Opfer der Umstände halten, dann haben wir logischerweise auch das Gefühl, dass es irgendjemand oder irgendetwas gibt, dem wir die Schuld an unserer Lage geben können. Gedanken dieser Art sorgen aber lediglich dafür, dass wir in der Dualität stecken bleiben, und verhindern die Erkenntnis, dass wir vollkommen dafür verantwortlich sind, wer wir sind, was wir erleben und wie wir mit diesen Erlebnissen umgehen. Sie sorgen auch dafür, dass wir im Wunsch stecken bleiben, unsere Vergangenheit aufzuarbeiten, um entweder bessere Mitglieder der Gesellschaft zu werden oder um uns über das hinaus zu entwickeln, was wir als Einschränkung unseres gegenwärtigen Lebens sehen.

Wenn wir erkennen, dass wir mächtig, talentiert und erleuchtet sind, und dann sehen, wie andere Menschen mit ihrer Vergangenheit kämpfen und dasselbe Video immer und immer wieder abspielen, dann können wir nicht einfach zu ihnen sagen: „Du bist mächtig, brillant, wunderschön, talentiert und erleuchtet!" Schließlich sind sie so in ihrem eigenen Drama gefangen, dass sie nicht hören können, was wir ihnen zu sagen haben. Wir sollten sie aber nicht dafür verurteilen, was sie sind und was sie tun.

Eine Freundin von mir erkannte vor kurzem, dass seit Jahren ein bestimmtes Muster zwischen ihr und vielen ihrer Freundinnen existiert hatte. Ich erinnerte sie daran, dass ich ihr das bereits vor zweieinhalb Jahren gesagt hätte. „Ja", antwortete sie, „warum konnte ich es damals bloß nicht sehen?"

12

Erwachen in die Wirklichkeit

*E*s gibt konservative Schulmediziner, die zwar von der Existenz der Alternativmedizin wissen, aber noch nicht bereit sind, ihr Weltbild so drastisch zu verändern, dass sie die neuen Informationen akzeptieren könnten. Manche von ihnen behaupten sogar, nie etwas davon gehört zu haben, und das trotz der wiederholten Versuche so mancher Freunde, ihnen „das Licht zu bringen". Aber da auch sie Teil des kosmischen Ozeans sind, in dem sich alles abspielt, sind sie manchmal - Monate oder sogar Jahre später – durch das wachsende Bewusstsein innerhalb des kosmischen Ozeans so weit beeinflusst worden, dass ihnen tatsächlich ein Licht aufgeht. Dann meinen sie an der Reihe zu sein, ihren Freunden von ihrer Entdeckung zu berichten – häufig genau jenen Freunden, die vorher erfolglos versucht hatten, sie zu erleuchten.

Es geht hier nicht um richtig oder falsch, um gut oder schlecht. Dies ist kein Wettbewerb, den der gewinnt, der heiliger ist. Es geht einfach um Karma. Manche von uns haben mehr Karma als andere, je nachdem wie lange wir uns im Sammeln irdischer Erfahrungen verstrickt haben und wie sehr wir an diesen Erfahrungen hängen.

Als mir bewusst wurde, welch wichtige Rolle Erinnerungen bei der Erschaffung unserer Realität spielen, begann ich auch, die Verbindung zwischen den Energien zu sehen, die sich im physischen, emotionalen, mentalen und spirituellen Umfeld manifestieren, und den Glaubensmustern derjenigen Menschen, die in einem solchen Umfeld leben. Diese Verbindung gilt überall: in Familien ebenso wie in Dörfern, Klein- und Großstädten, Nationen, Kontinenten, Rassen, Religionen und Planeten. Verschiedene Umfelder ziehen aufgrund ihrer energetischen Qualitäten bestimmte Menschentypen, Tier- oder Pflanzenarten an. Gleichermaßen ergänzen bestimmte Menschentypen, Tier- und Pflanzenarten bestimmte Umfelder, so dass in diesen im Lauf von Jahrtausenden Muster oder Gewohnheiten entstehen.

Wenn sich ein gesunder Mensch in eine ungesunde Umgebung begibt, muss etwas geschehen. Meiner Erfahrung nach passt sich der Mensch normalerweise der Energie der Umgebung an. Es ist immer wieder vorgekommen, dass mich ein Klient fragte: „Was mache ich hier bloß noch? Die Umgebung ist so feindselig!" Je mehr er sich der Gründe bewusst wird, aus denen er in einer solchen Umgebung lebt, desto weniger kann ihm die Umgebung anhaben. Manchmal verändert sich sogar die Energie, um den Bedürfnissen des Klienten besser gerecht zu werden. Heruntergekommene Stadtteile zum Beispiel scheinen sich ständig selbst zu kreieren, so dass kein Geld der Welt und keine Hilfe von außen das Problem jemals lösen wird, wenn die Situation nicht von Grund auf geändert wird. Das Problem ist ein Teil des totalen Umfelds und solange nicht die richtigen Fragen gestellt werden, wird es auch keine Lösung geben.

Verantwortung übernehmen

Wenn ich mir heute die geophysikalischen, metaphysischen oder technologischen Faktoren anschaue, die einen störenden Einfluss auf das Leben eines Klienten haben könnten, schaue ich mir vor allem immer an, welche Rolle mein Klient dabei spielt. Ich frage immer, wie der Klient sich diese Realität erschaffen hat, und bin mir dabei bewusst, dass die eigentliche Ursache so weit in Zeit oder Raum zurückliegen mag, dass eine Verbindung zwischen Ursache und Wirkung nicht mehr zu erkennen ist. Schließlich würde sich doch niemand absichtlich ein schweres Leben erschaffen, oder? Will nicht jeder von uns gesund, glücklich und reich sein? Obwohl sich die meisten Menschen, die unter Armut, Unterdrückung oder Bürgerkrieg leiden, nicht absichtlich in eine solche Situation gebracht haben, leben doch Millionen Menschen unter derartigen Bedingungen. Eines der größten Hindernisse auf dem Weg zum Einheitsbewusstsein ist das Opferbewusstsein: „Niemand hat uns je gefragt!" oder „Wir sind die Opfer der Gesellschaft!" Wer sich weigert, Verantwortung für sein eigenes Leben zu übernehmen, und anderen Macht über sein Leben einräumt, wird immer mehr von anderen abhängig werden. Und ob diese anderen nun das beste Interesse ihrer „Schützlinge" im Auge haben, ist sehr zu bezweifeln. Die meisten der Menschen, von denen wir uns Hilfe und Unterstützung erhoffen, haben sich ja auch nicht von ihrem Karma befreit. Wie sollen sie uns da führen?

Ein weiterer Faktor der zum Verständnis unserer selektiven Wahrnehmung beiträgt, ist der, dass wir nicht fähig sind, Informationen zu verstehen, die auf einer Frequenz gesendet werden, die wir überhaupt nicht empfangen können. Das liegt nicht daran, dass wir faul oder dumm sind, sondern einfach daran, dass die Bandbreite, auf der wir empfangen können, begrenzt ist. Man könnte das mit einem alten Radio vergleichen, das nur Kurzwellensender empfangen kann. Wenn wir uns kein neues Modell zulegen, werden wir nie Ultrakurzwellensender hören können. Würden wir aber versuchen, uns auf Informationen einzustimmen, die wir gar nicht empfangen können, wäre das, als ob wir 2000 Volt durch das alte Radio jagen würden. Das Ergebnis wäre mit Sicherheit, dass alle Sicherungen durchbrennen würden. Daher müssen wir ganz bewusst lernen, unser System immer feiner abzustimmen, damit wir die Informationen der anderen Bänder ebenfalls ungefährdet empfangen können. Diese Informationen waren immer da; nur weil wir sie bisher nicht empfangen konnten, heißt es nicht, dass sie nicht existierten. Wenn wir die Fähigkeit entwickeln, sie zu empfangen, stehen uns alle Informationen zur Verfügung. Es gibt natürlich viele verschiedene Möglichkeiten, Zugang zu diesen Informationen zu finden, aber grundsätzlich gilt, was Wayne Dyer sagte: „Wenn du es glaubst, siehst du es!" Wenn Ihr Verstand nicht in der Lage ist, den Quantensprung in der Wahrnehmung zu machen, der nötig ist, um sich auf neue Frequenzen einzustimmen, dann sollten Sie langsam und Schritt für Schritt die alten Wahrnehmungsmodelle aufgeben.

Der persönliche Nutzen des Dowsing

Dowsing stellt für mich eine große Hilfe dar, wenn es darum geht, auf verschiedenen Ebenen Zugang zu Informationen zu finden. Durch Dowsing konnte ich nicht nur mein System ganz bewusst so fein abstimmen, dass ich auf diese Ebenen vordringen konnte, sondern war auch in der Lage, anderen Menschen zu helfen, Zugang zu neuen Informationen zu finden, indem sie alte, einschränkende Muster auflösten.

Bei der Arbeit mit einem anderen Menschen ist es nach meiner Erfahrung nur möglich, innerhalb der von ihnen definierten Grenzen zu wirken. Ein Beispiel: Eine Klientin mit Magenkrebs bat mich, das Energiefeld in ihrem Haus zu überprüfen. Nachdem ich diesen Teil der Arbeit abgeschlossen hatte, schauten wir uns störende Energiemuster in ihr an, die die Ursache der Krankheit sein könnten. Als ich mit der Rute ihre feinstofflichen Energiekörper überprüfte, wurde ich von einem Bereich ihres Emotionalkörpers angezogen, der in direkter Beziehung zu ihrem Krebs stand. Als ich mich auf diese Störung einstimmte, fing ich an zu zittern und spürte, wie mich eine wellenartige Energie durchdrang. Ich teilte dies meiner Klientin mit und sie antwortete: „Mein Vater ist da!" Er war seit vielen Jahren tot, aber sie spürte jetzt seine Präsenz. Mittlerweile begann mein Körper sichtbar geschüttelt zu werden. „Ja", erwiderte ich, „ich weiß." Als ich mit Hilfe des Pendels fragte, was die Energie des Vaters wollte, drängte sich mir ein Wort auf. Das Wort war „Vergebung". „Möchtest du vergeben?" fragte ich die Energie. Die Antwort war klar. „Nein!" Ich fragte weiter: „Möchtest du, dass dir vergeben wird?" „Ja!" erwiderte der Vater meiner Klientin. Ich teilte ihr diese Information mit, woraufhin sie in Tränen ausbrach. Sie wusste genau, wovon die Rede war. Es ging um ein Trauma aus ihrer Kindheit, das nie aufgelöst worden war und das sich wie ein Stachel ins Fleisch meiner Klientin gebohrt hatte. Dieser Stachel hatte schließlich dazu geführt, dass sich ein körperliches Symptom manifestiert hatte. Die Entfernung des Stachels löste zwar nicht den Krebs auf, gab meiner Klientin aber die Möglichkeit, sich selbst von dieser Krankheit zu heilen. Wäre der Stachel viel früher entfernt worden, hätte sich der Krebs wahrscheinlich nie manifestiert.

Wenn ein bestimmtes Thema, das sich tief in die Energiemuster eines Menschen eingegraben hat, nicht aufgelöst wird, und wenn ihm genug Energie in Form von negativen Gefühlen zur Verfügung steht, sind körperliche Symptome unvermeidbar. Zeigt der Körper erst einmal Anzeichen einer physischen Erkrankung, wird es viel schwieriger, die Energie wieder ins Gleichgewicht zu bringen. Es ist leichter und wirksamer, eine potentielle Erkrankung zu behandeln als eine bereits ausgebrochene Krankheit. Wenn der Körper ein negatives Muster ausdrückt, müssen wir nicht nur nach den Ursachen suchen, sondern auch den Körper „umerziehen".

Die Auflösung negativer Muster

Migräne ist ein gutes Beispiel dafür, wie wir den Körper umerziehen können, um so negative Energiemuster aufzulösen. Es gibt viele Modelle sowohl der Schul- als auch der Alternativmedizin, die beschreiben sollen, was Migräne eigentlich ist und wann sie auftritt, aber die Frage nach dem „Warum?" wird weniger häufig gestellt. Die medizinische Fragestellung ist immer begrenzt und führt außerhalb der klinischen Erklärungsmodelle höchstens Stress als mögliche Ursache auf. Aber wieso ist ein Körper gestresst, während ein anderer mit ähnlichen beruflichen, privaten und finanziellen

Problemen nicht gestresst ist? Durch Dowsing habe ich festgestellt, dass bei Menschen, die unter Migräne leiden, Traumata und Spannungen im emotionalen Energiekörper ein wiederkehrender Faktor ist. Durch empathische Resonanz ist es relativ leicht, den emotionalen Stress im Klienten zu reduzieren.

Ein Freund bat mich, mit einer Frau Mitte Vierzig zu sprechen, die seit ihrer Kindheit etwa alle zwei Tage einen Migräneanfall hatte. Ich verbrachte etwa 45 Minuten mit dieser Frau, die übrigens keine Ahnung hatte, was ich eigentlich machte, und dementsprechend auch nicht das geringste Vertrauen in meine Arbeit hatte. Sie hatte schon in vielen Methoden Linderung gesucht, aber immer vergeblich. Ein paar Stunden später berichtete sie mir, dass sie sich müder als sonst fühlte. Sie gab an, dass sie unter großem Stress stünde und dass das sicherlich zu ihrer Migräne beitrüge, dass sie daran aber nichts ändern könne. In der folgenden Nacht machte sie eine große emotionale Krise durch. Danach traten die Migräneanfälle nur noch etwa alle zehn Tage auf.

Ein anderes Beispiel: Eine Frau, die bei uns auf ihrem Nachhauseweg vorbeikam, litt bereits unter starken Schmerzen, weil sich ein schwerer Migräneanfall ankündigte. Sie wollte nicht auf die Behandlung warten, weil sie so schnell wie möglich nach Hause wollte, bevor die Schmerzen noch schlimmer wurden. Sie rief mich noch am selben Abend an, sagte, dass die Schmerzen noch schlimmer geworden waren und bat um Hilfe. Ich fing mit dem Dowsing an. (Denken Sie bitte immer daran, dass Dowsing außerhalb von Zeit und Raum stattfindet und dass Entfernungen deshalb keine Rolle spielen.) Später erzählte sie mir, dass der Schmerz während dieser Zeit noch stärker wurde und dass er schließlich so schlimm geworden war, dass sie zu Bett gegangen war. In den folgenden Wochen traten die Migräneanfalle allerdings seltener auf. Statt jeden zweiten Tag nur noch etwa alle zehn Tage. Als ich wieder mit ihr arbeitete, tauchten im Gegensatz zur ersten Sitzung keine emotionalen Probleme mehr auf. In der ersten Sitzung war es im Grunde ausschließlich um emotionale Themen gegangen. Wenn man mit einem Menschen arbeitet, der unter Schmerzen leidet, dann geht es zunächst immer darum, die unmittelbaren Ursachen des Schmerzes zu behandeln. Bei der zweiten Sitzung kann man sich dann den grundlegenderen Ursachen zuwenden, die häufig in den mentalen oder spirituellen Energiefeldern liegen. Bei jeder folgenden Sitzung wird man dann etwas näher an die eigentliche Ursache herankommen.

Störungen unwirksam machen

Interessanterweise gibt es bei einer schweren Störung eine Aneinanderreihung von Spiralmustern, die alle auf den Punkt ausgerichtet sind, an dem sich die körperlichen Symptome zeigen. Eine Spirale befindet sich im emotionalen Körper, jeweils eine andere im mentalen und spirituellen Körper und eine im Gaia-Feld. Die eigentliche Ursache für jede körperliche Störung liegt wahrscheinlich in den äußeren Energiekörpern und besonders im Gaia-Feld, das die Brücke zwischen Geist und Materie ist (zwischen dem Samen und der physischen Form). Dieses Feld hat nicht nur entscheidende Bedeutung für das, wofür wir uns halten, es enthält auch Informationen, die über die Erfahrungen unserer physischen Existenz hinausgehen. Diese vorphysischen Erinnerungen wirken sich darauf aus, für was wir uns halten und wie wir mit der physischen Existenz umgehen. Sie werden sich auf unsere gesamte Existenz auf Erden auswirken. Je länger wir diese Probleme mit uns herumtragen, indem wir beispielsweise vor ihnen weg laufen, sie als zu schwierig abtun oder einfach ihre Existenz leugnen, desto schwerer wird es, die angestaute Spannung aufzulösen.

Eine schwere Störung im Gaia-Feld wird durch den Dominoeffekt eine spirituelle Reaktion auslösen, durch die ihrerseits ein Muster im Mentalkörper etabliert wird. Aufgrund dieses mentalen Glaubenssystems werden wir bestimmte emotionale Reaktionen auf gewisse Situationen erleben. Und jede emotionale Reaktion, die aufgrund niedriger Schwingungen entsteht, hat störende, negative Folgen für den physischen Körper. Wenn sich die ursprüngliche Störung im Gaia-Feld bereits als körperliches Symptom zeigt, ist eine Menge Arbeit nötig, um das Gleichgewicht auf allen Ebenen wieder herzustellen.

Erinnerung und Krankheit

Nachdem ich viele Krankheitsmuster beobachtet habe, bin ich zu der Erkenntnis gelangt, dass jede Erkrankung auf einer Erinnerung beruht. Stellen Sie sich einmal vor, dass tief in Ihnen im innersten Kern Ihres Wesens ein strahlendes Licht leuchtet, das immer da war und immer dort sein wird. Dieses Licht ist nicht sehr anspruchsvoll und unter „normalen" Umständen durchaus damit zufrieden, einfach da zu sein, ganz gleich ob Sie sich seiner bewusst sind oder nicht. Das Licht, das ewig ist und nicht vorübergehend wie die körperliche Form, ist mit dem wahren Grund Ihres Seins verbunden. Ab und zu werden Sie sich daran erinnert haben, dass Sie dieses Licht in sich tragen, aber weil Sie ständig den niedrigen Schwingungen der dreidimensionalen Realität ausgesetzt sind, haben Sie seine Existenz weitgehend vergessen. Je mehr die Erinnerung an das Licht nachlässt, weil Sie süchtig nach den Erfahrungen sind, die Ihnen auf diesem Planeten geboten werden, desto mehr vergessen Sie nicht nur das Licht, sondern streiten seine Existenz sogar aktiv ab. Aber natürlich ist das Licht immer noch da. Ohne es könnten wir überhaupt nicht sein.

Je mehr Erfahrungen wir in dieser dreidimensionalen Welt ansammeln und je mehr wir daran glauben, dass nur diese Welt wirklich ist, desto weniger erkennen wir das Licht als unseren innersten Wesenskern an. Die Erinnerung ist noch da, aber sie ist so tief unter unseren neuen Erinnerungen vergraben, dass wir keinen Zugang mehr zu ihr finden. Daher werden die Überzeugungen, die wir angenommen haben, zu unserer einzigen Realität, und im Lauf der Zeit (Erdzeit!) machen wir diese Realität immer wirklicher. Die Natur der planetarischen Schwingung, die aufgrund unseres kollektiven Glaubenssystems entsteht, zwingt uns, diese Realität als wirklich anzuerkennen. Aber das Gegenteil ist wahr: Die Realität ist vom Beobachter abhängig. Wenn zwei Menschen an eine bestimmte Realität glauben, bauen sie aufgrund ihrer schöpferischen Macht diese Realität auf. Und je mehr Menschen an eine bestimmte Realität glauben, desto stärker wird diese, bis sie so viel Energie besitzt, dass sie sich selbst erhalten kann.

Soziale Störungen

Wenn wir uns die frühen Zivilisationen anschauen, erkennen wir, dass sie bestimmten Gesetzen folgten. Die Ideen der

Führer wurden zum Glauben der Massen; spirituelle und religiöse Organisationen entstanden daraufhin ebenso wie politische Bewegungen, handwerkliche und kaufmännische Organisationen.

Die großen Weltreligionen begannen mit einer Handvoll Menschen, die an ein bestimmtes Konzept glaubten, und entwickelten sich im Lauf der Jahrhunderte zu Massenbewegungen. Mir geht es hier übrigens nicht um Spiritualität, sondern um organisierte Religion, was bei weitem nicht dasselbe ist. Die beiden sollten eigentlich zusammengehören, aber es war nie die Stärke der religiösen Institutionen, die Art von Wahrheit zu verbreiten, die die Menschen frei macht. Unter Spiritualität verstehe ich den Weg zur Erkenntnis der Wahrheit, zum Erinnern des inneren Lichts.

Die Religionen, die wie jede andere hierarchische Organisation wurden, entstanden um einige fanatische Personen herum, die ihre Ideen einer immer größer werdenden Menge aufzwingen wollten, um ihre eigene Macht zu festigen. Diejenigen, die sich die Grundsätze der Führer zu eigen machten, gaben bereitwillig ihre Macht auf, weil sie sich einschüchtern ließen und Angst vor dem hatten, was passieren könnte, wenn sie nicht daran glaubten. Der Glaube an die Unfruchtbarkeit des Ackers oder des Leibes und die Angst vor den ewigen Qualen der Hölle war zu stark für Menschen, die vergessen hatten, dass in ihnen das Licht existiert. So konnte sich der kollektive Glaube aufgrund von Angst und Aberglauben schnell in einer Kultur ausbreiten, die ohnehin daran glaubte, vom rechten Weg abgekommen zu sein und jederzeit von einem zürnenden Gott niedergestreckt werden zu können. Was für eine perfekte Gelegenheit für bestimmte rechthaberische Egomanen die Kontrolle über das Bewusstsein einer ganzen Zivilisation zu erlangen!

Wurde eine Religion stark genug, breitete sie sich aus, um noch mehr Schafe in ihre Herde zu bringen und auf diese Weise ihre Machtbasis zu vergrößern. Natürlich wird jede Gruppe, die stark genug ist, versuchen, andere Gruppen zu dominieren. Weil manche dieser anderen Gruppen sich unterwerfen, während andere selbst stärker werden, beginnt ein Wettrennen, bei dem jede Gruppe unablässig versucht, neue Mitglieder zu gewinnen.

Aber wenn es einer Organisation nicht gelingt, die ständig wachsenden Bedürfnisse ihrer Mitglieder zu erfüllen, folgt deren Ernüchterung. Das trifft auf alle Formen von Organisationen zu: religiöse, politische, finanzielle, medizinische, landwirtschaftliche oder industrielle. Die Enttäuschung und Ernüchterung sind immer dann besonders groß, wenn die Organisationen ihren Mitgliedern die Wahrheit vorenthalten. Denken Sie daran, dass das Licht auch in Ihnen scheint! Je mehr Menschen sich seiner Existenz bewusst werden, desto mehr wird es sich ausbreiten.

Hinter dem Schleier der Zeit

Damit wir uns des inneren Lichts wieder bewusst werden können, müssen wir unsere Erinnerungen Schicht um Schicht entfernen. Zunächst müssen wir erkennen, dass wir Gefangene unserer Erinnerungen sind und uns in einem Gefängnis befinden, das wir selbst gebaut haben. Das ist natürlich keine leichte Aufgabe, da wir es gewohnt sind, unsere Erlösung in die Hände von Spezialisten zu legen, denen wir es überlassen, uns durch die verschlungenen Pfade von Religion, Spiritualität, Politik, Recht und Finanzen zu führen. Diese so genannten Spezialisten irren aber selbst durch die Finsternis. Ist es nicht erstaunlich, dass wir, obwohl in jedem von uns das Licht erstrahlt, immer Hilfe von außen suchen und dabei ausgerechnet diejenigen bitten, uns zum Licht zu führen, die sich selbst im Dunkeln befinden? Dann beklagen wir uns auch noch darüber, dass unsere religiösen oder politischen Führer ihre Versprechen nicht halten können, und beschuldigen sie der Unfähigkeit. Diese Komödie wird seit Jahrtausenden immer wieder mit verschiedenen Glaubenssystemen gespielt. Erst wenn wir unsere eigenen Glaubenssysteme auf den Prüfstand stellen, können wir erkennen, wie wir zu dem geworden sind, für das wir uns heute halten.

Wir wissen, dass unsere Religionen in grauer Vorzeit nicht existiert haben. Aber an einem gewissen Punkt in der Evolution der Menschheit wurden sie von Einzelnen gegründet, deren Worte dann von anderen verbreitet wurde. So lange die Worte noch nahe an der Wahrheit waren, richtete dies keinen großen Schaden an, weil noch viele an das innere Licht glaubten. Aber je mehr die Bewegung wuchs und je komplexer die Glaubensmuster wurden, desto weniger konnte die Erinnerung an das innere Licht geduldet werden. Also wurden Teile der ursprünglichen Lehre entfernt, die daraufhin in die Hände einer Hierarchie gelegt wurde, die sie je nach den politischen Erfordernissen der jeweiligen Zeit auslegte. Die Erinnerung an die ursprüngliche Lehre wurde unterdrückt oder im Verborgenen als Geheimlehre an wenige Initiierte weitergegeben. Wer an der wahren Lehre interessiert war, musste also im Rahmen seiner Initiation eine besondere Schulung durchlaufen, um bestimmte Informationen zu erhalten. Diese Schulung, die nur denen zuteil wurde, die die Hüter der geheimen Lehre für würdig erachteten, war und ist hauptsächlich ein Prozess der Indoktrination, der die Hierarchie schützen soll.

Wenn auf bestimmte kollektive Erinnerungen neue aufoktroyiert werden, die dann noch ständig verstärkt werden (die moderne Werbung ist dafür ein gutes Beispiel), wird die öffentliche Meinung dadurch stark beeinflusst. Schon bald beginnt sich ein neues Glaubenssystem durchzusetzen und bevor man sich versieht, hat man es angenommen. Wir sind nur deshalb in diesen Spielchen gefangen, weil die Erinnerung an das Licht in uns von skrupellosen Mitgliedern der Gesellschaft unterdrückt wird, die das herrschende Glaubenssystem für ihre eigenen Zwecke ausnutzen und ... weil wir es zulassen.

Alle Erfahrungen, die wir machen, sind abhängig davon, wie sehr wir uns von bestimmten Konzepten, die Welt zu sehen, angezogen oder abgestoßen fühlen. Aber wir können unsere Wahrnehmung ändern. Wenn wir das tun und uns vom alten Paradigma entfernen und mehr von innen heraus leben, müssen wir uns aber davor hüten, eine Illusion durch eine andere zu ersetzen.

Das Erwachen des Individuums

Eine der Methoden, die gegenwärtig von bestimmten Personen angewendet wird, die uns helfen wollen, zu unserem inneren Licht zu erwachen, beruht darauf, einem Ereignis aus der Vergangenheit die Schuld an unserem gegenwärtigen Dilemma zu geben. Um über das Trauma aus der Vergangenheit hinauszuwachsen, versuchen diese Personen, es in die Gegenwart zu bringen, es dort zu verarbeiten und anschließend loszulassen. Meiner Ansicht nach ist der einzige Bestandteil unserer Vergangenheit, der noch aktiv ist und sich auf uns auswirkt, unsere Bindung an die Erinnerung – nicht mehr und nicht weniger. Wir sollten uns einfach selbst erlauben, über die Einschränkungen, die uns diese Erinnerung auferlegt, hinauszuwachsen, denn schließlich haben wir das betreffenden Ereignis bereits erlebt und verarbeitet. Der Erinnerung nun neue Macht zu geben, bedeutet nichts anderes, als eine Wahrnehmung aufrechtzuerhalten, die auf einer Illusion beruht. Wenn wir die Antwort auf ein Problem innerhalb des Paradigmas suchen, das es erzeugt hat, sind wir von vornherein zum Scheitern verurteilt. Das ist wieder einer dieser symptomatischen Ansätze der westlichen Kultur. Einfach ein Glaubensmuster durch ein anderes in der Hoffnung zu ersetzen, dass eine andere Kultur oder Religion mehr weiß als unsere eigene, ist nichts weiter, als einen blinden Führer durch einen anderen zu ersetzen. Aber diese Methode wird von unserer Gesellschaft gefördert, da wir auf diese Weise ständig in Unsicherheit leben und immer auf der Suche sind. Und wer sucht, der wird keinen Ort des Friedens finden, an dem er mit sich selbst und der gesamten Schöpfung eins sein kann.

Wenn wir an das Beispiel von Christus und an die Informationen denken, die er vor 2000 Jahren verbreitete, dann sehen wir, wie die damals Mächtigen sich gegen den Wandel zur Wehr setzten, der den Menschen die Macht über ihr eigenes Leben zurückgegeben und damit die Machtverhältnisse grundlegend verändert hätte. Diesen Widerstand gegen Veränderungen hat es zu allen Zeiten gegeben – so auch heute. Aber das Licht in uns, so schlafend es sich auch stellen mag, lässt sich nicht unterdrücken. Im Verlauf von Hunderten von Leben haben die Menschen auf diesem Planeten ein rasantes Wachstum durchgemacht, auch wenn diese Leben meistens nicht als angenehm bezeichnet werden können. Aber manche Menschen sind so von bestimmten Glaubensmustern abhängig geworden, dass sie und das Glaubenssystem vollkommen miteinander verschmolzen sind. Diese Verschmelzung führt zu einer Polarisierung, die, wenn sie in Frage gestellt wird, sofort zu einer Abwehrhaltung führt, auf die kurz darauf ein Angriff folgt. Gegen alles, was den herrschenden Glauben bedroht, indem es Veränderungen propagiert, wird mit Abwehr reagiert. Diese Polarisierung bezieht sich nicht nur auf Individuen, sondern hat sich auf die gesamte Gesellschaft ausgedehnt.

Wenn ein Teil der planetarischen Gemeinschaft Veränderungen einleiten will, setzt sich ein anderer Teil dagegen zur Wehr. Natürlich denken beide Seiten, dass sie im Recht sind und daher ihre Vorstellung der jeweils anderen Seite aufzwingen müssten. Das Ergebnis ist immer Konflikt. Aber Veränderungen welcher Art auch immer sind unvermeidlich. Allerdings sind die Veränderungen, die zur Zeit geschehen, nicht wirklich nachhaltig, womit all diejenigen kein Problem haben, die glauben, alles unter Kontrolle zu haben und irgendwie nicht von den Auswirkungen ihres Tuns betroffen zu sein. Sie glauben, dass ihre Machtposition ihnen Sicherheit vor dem Chaos bietet, das sie erschaffen. Aber wir sollten nicht mit dem Finger auf irgendjemanden zeigen und Schuld zuweisen, da wir selbst es sind, die zulassen, dass sie manipuliert werden.

Wenn wir irgendjemand oder irgendetwas für unser eigenes Versagen die Schuld geben, gehen wir wieder in die Falle der Dualität – in unser selbstgebautes Gefängnis.

Die Wiederherstellung des Gleichgewichts

Wenn ich mit der Energie eines Hauses oder einer Landschaft arbeitete, in der ein Ungleichgewicht herrscht, können mehrere Dinge geschehen. Um das Gleichgewicht wieder herzustellen und aufrechtzuerhalten, muss ich in der Lage sein, die Frequenz der Störung ohne Angst oder Urteil zu halten. Dann muss ich mich auf eine höhere Frequenz einstimmen, die die niedrigere, unausgeglichene Frequenz in sich integrieren kann. Das ist etwa so, als ob ich mit einem starken Scheinwerfer die Dunkelheit ausleuchte. Viele der Energiemuster, denen ich begegnet bin, fürchten sich vor dem Licht. Eine dunkle, angsterfüllte Energie mit einer niedrigen Schwingung wird versuchen, jede Veränderung zu vermeiden und in ihrer begrenzten Erkenntnis Zuflucht suchen. Meine Methode ist dabei immer dieselbe, unabhängig davon, ob mein Einsatz auf der physischen oder der metaphysischen Ebene stattfindet.

Existiert ein gestörtes Energiemuster metaphysischen Ursprungs in einer Umgebung, so werden die in der Nähe befindlichen Energien davon negativ beeinflusst, wodurch die Möglichkeit der Umgebung eingeschränkt wird, wieder ins Gleichgewicht zu kommen. Die Störung, die immer eine niedrige Schwingung hat und meistens auf Angst beruht, wird versuchen, vor der leichteren, höheren Energie zu fliehen, die ich repräsentiere. In den Fällen metaphysischer Störungen, in denen die Ursache des Musters es nicht länger aktiv mit Energie versorgt, ist es relativ einfach, die niedrige Frequenz der Angstschwingung auf eine höhere Frequenz der Liebe anzuheben. Ist die Angst einmal beseitigt, wird das Energiemuster bereitwillig mehr Energie aufnehmen und so seine Frequenz erhöhen. Gibt es mehrere störende Felder in einer Umgebung, tragen sie alle dazu bei, ein niedriges Energieniveau aufrechtzuerhalten, das nicht nur alle Menschen, die dort leben, negativ beeinflusst, sondern die Lebensformen auf allen Ebenen, gleich ob diese sich nun körperlich manifestiert haben oder nicht.

Dort, wo sich eine Ansammlung störender Muster befindet, entsteht ein Bereich niedrigerer Energie, der andere Muster niedrigerer Energie anzieht. Diese Regel trifft sowohl auf einzelne Menschen als auch auf Städte, Länder, Kontinente und Planeten zu.

Es ist möglich, dass die Energie der Erde selbst aufgrund von schweren Störungen auf verschiedenen Ebenen so aus dem Gleichgewicht geraten ist, dass dieses Ungleichgewicht neue Störungen erschafft. Aber ganz gleich, was die ursächlichen Gründe auch sein mögen, gilt, dass das Gleichgewicht des Ganzen verbessert wird, wenn die Harmonie in einem Teilbereich wieder hergestellt wird.

Dort, wo negative Energiemuster niedriger Frequenzen existierten, fließt mehr Licht in diesen Bereich, wenn die Frequenz der Ursache oder individueller Muster erhöht wird. Je mehr sich das Licht oder die höheren Energiefrequenzen durchsetzen, desto weniger können die niedrigen Frequenzen in ihrem Zustand verbleiben. Eine Zeitlang mag es physische Anzeichen dafür geben, dass sich das Gleichgewicht verändert. Aber je mehr höhere Energie in die Umgebung einströmt, desto weniger können die niedrigen

Energien existieren, ohne sich zu verändern. Die meisten niedrigen Energiemuster scheinen in der physischen Welt verankert und nicht fähig zu sein, sich frei zu bewegen. Daher können sie den höheren Frequenzen nicht entfliehen und müssen sich verändern. Je mehr Energie sie absorbieren, desto leichter wird es für sie, sich zu verändern.

Ich habe entdeckt, dass in der Zeit, in der die höheren Frequenzen dominieren, viele der niedrigeren Energiemuster die notwendigen Veränderungen hin zu einer höheren Frequenz wie von selbst vollziehen. Schon kurz nachdem ich mit der Arbeit beginne, geht der Prozess des Ausgleichs fast automatisch vor sich und bedarf nicht länger meiner aktiven Teilnahme. Das trifft auch auf die Arbeit mit Menschen zu.

Schreiten Sie langsam und ruhig voran

Vielleicht haben Sie sich beim Lesen dieses Buches gedacht: „Das hört sich ja alles ganz gut an, aber wie soll ich denn bloß in diesen anderen Zustand gelangen und mir diese neue Sichtweise aneignen?" Entspannen Sie sich einfach. Es geschieht schon – entweder mit Ihrer bewussten Hilfe oder ohne sie. Lassen Sie mich diese Aussage etwas näher erläutern.

Das Licht, das Energie einer höheren Frequenz ist, ist immer gegenwärtig. Ohne es könnten Sie nicht existieren. Im Laufe der Jahrtausende auf der Erde haben sich verschiedene Erfahrungen gegenseitig verstärkt, um das Licht zu unterdrücken. Die dunklen Energiemuster niedriger Frequenz haben die Kontrolle erlangt und beherrschen heute unser bewusstes Denken. Ohne Hilfe werden wir wahrscheinlich in den Glaubenssystemen stecken bleiben, die von den Energiemustern niedrigerer Frequenz erzeugt und aufrechterhalten werden. Aber Hilfe naht. Nicht alle Menschen irren heute auf der Ebene der niedrigen Energiefrequenzen und den auf ihnen beruhenden einschränkenden Glaubensmuster herum. Es hat im Lauf der Geschichte der Evolution des Bewusstseins immer wieder Menschen gegeben, die die Grenzen ihrer von Angst geprägten Persönlichkeit überwunden und ihr Leben dem Fortschritt des Ganzen gewidmet haben. Wie Nelson Mandela sagte: „Wenn wir unser Licht erstrahlen lassen, dann geben wir unbewusst auch anderen Menschen die Erlaubnis, dasselbe zu tun. Wenn wir uns von unserer eigenen Angst befreit haben, befreit unsere Präsenz automatisch andere."

Bei denen, die sich intensiv auf die irdische Erfahrung eingelassen haben, hat eine Vielzahl unterschiedlicher Erfahrungen ihr Bewusstsein so geformt, dass sie Teil der allgemein akzeptierten Realität sind. Für manche scheint die Vorstellung, das innere Licht scheinen zu lassen – oder sich überhaupt an die Existenz des Lichts zu erinnern – so weit hergeholt zu sein, dass es ihnen zumindest in diesem Leben völlig unmöglich erscheint. Aber dem ist nicht so. Menschen, die auf ihre innere, instinktive Stimme gehört haben, statt auf den Intellekt, der das Leben rational zu verstehen sucht, haben sich erinnert, dass in ihnen ein Licht scheint und dass es für das Bewusstsein zugänglich ist. Diese Menschen sind heute offen und bereit, sich zu verändern.

Dann gibt es noch Menschen, die nicht so sehr im gegenwärtigen Drama gefangen sind, so dass sie leichter Zugang zum inneren Licht finden. Es ist von entscheidender Bedeutung zu erkennen, wer aus dem inneren Licht heraus lebt und wer vom Standpunkt des Ego aus spricht. Ich habe schon im Abschnitt über Channeling erklärt, dass nicht alle Botschaften von der Warte einer größeren Weisheit und eines höheren Bewusstseins stammen. Diejenigen Menschen, die sich darum bemühen, sich aus dem Wunsch nach Kontrolle und ihrer Opfermentalität zu befreien, sehen sich oftmals einem inneren Kampf zwischen dem ängstlichen Ego und dem inneren Licht gegenüber. Daher stammt jede Information, die ein solcher Menschen mitteilt, immer noch aus der Dualität und Verwirrung. Wir sollten daher immer auf unsere innere Stimme hören und fragen: „Ist dies wirklich das Richtige für mich?"

Zugang zum inneren Licht

Diejenigen, die sich des inneren Lichts mehr und mehr bewusst werden, sollten daran denken, dass sie einfach dadurch, dass sie das Licht ausdrücken, schon zum Glanz des Ganzen beitragen, und es so den Menschen in ihrer Umgebung ermöglichen, sich ebenfalls zu erinnern (wie Motten, die vom Licht angezogen werden). Auf diese Weise verbreitet sich das Licht und strahlt immer heller. Je mehr es sich ausbreitet, desto mehr Menschen werden davon beeinflusst – ob diese sich dessen nun bewusst sind oder nicht.

Wenn der innere Kampf abflaut und das Licht nach außen scheinen kann, lassen auch die äußeren Kämpfe nach. Alles, was wir angezogen haben, verändert sich. Der Stress fällt von uns ab, Anspannung und Krankheit gehören der Vergangenheit an. Wenn unser innerer Zustand ausgeglichen ist, kehren auch die äußeren Manifestationen in einen ausgeglichenen, harmonischen Zustand zurück. Auf der planetarischen Ebene (und weil alles Bewusstsein ist) erkennen wir dann, dass es unsere vergifteten Gedanken waren, die die Energie der Erde verschmutzt haben. Diese Verschmutzung zeigt sich als Stress und verursacht eine Störung des Gleichgewichts der natürlichen Frequenzen der Erde. Wir erkennen, dass wir in einem Teufelskreis gefangen waren: Die Umwelt macht uns krank und wir machen die Umwelt krank. Obwohl sich die Erde bemüht hat, das Gleichgewicht wieder herzustellen, haben die Störungen in unserem Bewusstsein dafür gesorgt, dass letzten Endes das Chaos doch immer wieder hergestellt wurde.

Heilung

Die Menschen können dem Planeten nur helfen, wenn sie dies von einem Zustand hohen Bewusstseins aus tun und nicht länger in ihren auf Urteilen und Angst beruhenden Mustern gefangen sind. Heute verändert sich aber bereits das Gleichgewicht der Macht. Die etablierten konservativen Mächte üben mehr Druck aus und versuchen, die Kontrolle zu behalten. Da das unweigerlich zu stärkerer Angst und größeren Konflikten führen wird, werden sie versuchen, noch einschneidendere Maßnahmen zu ergreifen, um ihre Macht aufrechtzuerhalten. Als Folge wird es so lange zu großen Unruhen kommen, bis sich die Energiemuster höherer Frequenzen so sehr etabliert haben, dass immer mehr Energien, die bisher in einem Zustand niedrigerer Frequenzen verharrt haben, mit den höheren Mustern mitschwingen. Für viele Menschen wird diese Veränderung ziemlich plötzlich und anscheinend ohne ihr Zutun geschehen, aber sie wird schnell um sich greifen, wenn der Punkt der kritischen Masse erst einmal erreicht ist.

Wenn wir unsere persönlichen Heilungskrisen durchmachen und miterleben, wie die Spannung, die Krankheiten erzeugt hat, aufgelöst wird, bekommen wir eine Ahnung, dass auch der Planet geheilt werden kann. Die Spannung, die so lange im Zaum gehalten wurde, wird mit den höheren Frequenzen verschmelzen. Die globalen Krisen können ebenso abgemildert werden wie die persönlichen Heilungskrisen. Indem wir die Veränderungen akzeptieren, statt gegen sie anzukämpfen (indem wir zum Beispiel unsere Erinnerungen aufgeben, statt uns an sie zu klammern), können wir die Intensität der Krise mildern. Je tiefer wir uns im Dschungel der Dualität verirrt haben, desto mehr angestaute Spannung muss sich entladen. Das trifft auch auf das Bewusstsein der Erde zu. Aber so lange wir die Energie der Erde von einem unausgeglichenen Geisteszustand heraus kontrollieren und manipulieren wollen, erzeugen wir lediglich ein neues Ungleichgewicht, von dem sich der Planet erneut erholen muss.

Auf der Suche

Wenn Sie nach einem größeren Licht streben, schlage ich vor, dass Sie die Gesellschaft der strahlendsten Wesen suchen, die Sie finden können. Benutzen Sie Ihren gesunden Menschenverstand. Verbringen Sie keine Zeit mit denen, die über sich selbst, Sie und andere urteilen, oder mit denen, die sich über Sie lustig machen oder Ihr Streben ins Lächerliche ziehen. Halten Sie sich auch von denen fern, die anderen Menschen oder der Umwelt die Schuld an ihrer Lage geben. Verweilen Sie nicht in der Nähe von Menschen, die unglücklich sind und die sich immer wünschen, woanders zu sein – in einer anderen Stadt, auf einem anderen Planeten oder in einer anderen Dimension. Ihr Verlangen, Ihre eigene Wahrheit zu entdecken, wird zum Erfolg führen, wenn Sie sich bewusst werden, dass der Same tief in Ihnen verborgen liegt. Er braucht nur Liebe und Zuwendung. Seien Sie sich darüber im Klaren, dass es viele Fallgruben auf dem Weg gibt, von denen einige Sie von Ihrem Ziel ablenken wollen. Aber sie sind nichts als Illusionen. Schauen Sie über die Illusion der Zeit hinaus. Öffnen Sie Ihr Herz für Ihre eigene Wahrheit, dann werden Sie frei sein.

www.ingramcontent.com/pod-product-compliance
Lightning Source LLC
LaVergne TN
LVHW011346080426
835511LV00005B/154